VISUAL

日経文庫 ビジュアル

AI活用
基本スキル96

野村総合研究所 [編]
Nomura Research Institute

日本経済新聞出版

まえがき

　ビジネスにおいてAIの活用は必須条件になりつつあります。本書は、AIを活用するために必要な知識を整理した本です。AIに関する最新の動向だけではなく、背景として知っておくべきAIの基礎的な用語も解説しています。

　AIに詳しくないものの業務への活用が迫られている方、AI導入を外部に委託するために必要最低限の知識を押さえておきたい方、AIで今後どのようなことが起こるのかを知っておきたい方などに、ぜひ読んでいただきたい内容になっています。

　2022年に刊行した『データサイエンティスト基本スキル84』（野村総合研究所データサイエンスラボ編、日本経済新聞出版発行）では、データサイエンティストに求められる知識を網羅的に整理しました。その後、2023年には生成AIが大ブームとなり、ビジネスパーソンにとって、データサイエンスだけではなくAIの知識も求められるようになりました。

　本書は、AIをビジネスに活用するために知っておくべき基礎用語、課題、ツール、資格、業務実態などをビジュアルを使って解説しています。「生成AIや機械学習という名前は聞いたことがあるけれど、どんなことを知っていれば良いのか」と悩む方でも、体系的、網羅的に把握することができます。

　専門的な部分についてをビジュアルで補足しているため、AIの専門書はちょっとハードルが高いという方にも読んでいただける内容になっています。

　第1章では、最近のAIに関連する動向について10個の話題を紹介しました。生成AIの登場から、電力確保の問題など、知っておきたい最新動向を整理しました。第2章ではAIに関

連する用語を解説しています。基礎的な用語から、最新の用語まで網羅的に整理しており、辞書としても活用いただけます。第3章では、AIを活用した代表的な製品やサービスを整理し、実際の業務でもすぐに活用できるように心がけました。第4章ではAIに関連した資格を整理しています。第5章では、AIをビジネスに利用している実態を紹介し、現代における具体的な活用方法を提示しました。第6章は将来のAIの使われ方をイメージしてもらうために、仮想のビジネスシーンを描いています。第7章では、今後のAIがもたらす未来をさまざまな局面で整理しました。

　これからのビジネスを変えていくのはAIです。AIについての専門知識を持つことまでは必要ありませんが、AIを活用するために最低限の知識を持つことは必要です。AIを上手に活用できなければ取り残されてしまうのです。本書でAIを活用するための基本スキルを体系的・網羅的に習得していただければと思います。

2025年3月

野村総合研究所未来創発センター
塩崎潤一

ビジュアル　AI活用基本スキル96

目　次

まえがき ………………………………………………………………… 3

第1章　急速に浸透するAI

1　生成AIの登場 ……………………………………………… 10
2　広がる生成AI ……………………………………………… 12
3　AIの市場規模 ……………………………………………… 14
4　第4次AIブーム …………………………………………… 16
5　産業革命、情報革命からAI革命へ …………………… 18
6　遅れる日本の生成AI ……………………………………… 20
7　計算資源と電力の確保 …………………………………… 22
8　学習データの不足（AIの2026年問題）……………… 24
9　AIの暴走 …………………………………………………… 26
10　生成AIから汎用人工知能へ …………………………… 28
Column❶　「AIは新しい電気だ」（アンドリュー・ング）………… 30

第2章　知っておきたいAIの基礎知識

11　生成AI ……………………………………………………… 34
12　シンギュラリティ ………………………………………… 36
13　AI・機械学習・ディープラーニング ………………… 38
14　機械学習 …………………………………………………… 40
15　ニューラルネットワーク ………………………………… 42
16　ディープラーニング ……………………………………… 44
17　自然言語処理 ……………………………………………… 46
18　大規模言語モデル（LLM）……………………………… 48
19　小規模言語モデル（SLM）……………………………… 50
20　1ビットLLM ……………………………………………… 52
21　スケーリング理論（べき乗則）………………………… 54
22　GPT ………………………………………………………… 56
23　ファウンデーションモデル ……………………………… 58
24　継続事前学習 ……………………………………………… 60

25	ファインチューニング	62
26	LoRA（ローラ）	64
27	アノテーション	66
28	マルチモーダル	68
29	フューショットラーニング	70
30	アライメント	72
31	GAN（敵対的生成ネットワーク）	74
32	トランスフォーマー（Transformer）	76
33	プロンプトエンジニアリング	78
34	RAG（検索拡張生成）	80
35	GPU	82
36	NVIDIA（エヌビディア）	84
37	OpenAI（オープンAI）	86
38	チャットボット	88
39	エキスパートシステム	90
40	AIエージェント	92
41	AIアシスタント	94
42	AIペルソナ	96
43	エッジAI	98
44	MLOps	100
45	AIの解釈性（ブラックボックス問題）	102
46	ディープフェイク	104
47	ハルシネーション	106
48	AIにおける著作権	108
49	AIガイドライン・法規制	110
50	電子透かし	112
51	モデルマージ	114
52	マシン・アンラーニング	116
53	省電力化	118
54	汎用人工知能（AGI）	120
55	人工超知能（ASI）	122
Column ❷	「必要なのは経験から学べる機械」（アラン・チューリング）	124

第3章 AIを活用した代表的なツール

56 watson、watsonx（ワトソン、ワトソンエックス）······ 126
57 ChatGPT（チャットジーピーティー）············· 128
58 HuggingChat（ハギングチャット）··············· 130
59 Microsoft Copilot（マイクロソフト コパイロット）····· 132
60 Gemini（ジェミニ）························· 134
61 Llama（ラマ）·························· 136
62 DALL-E（ダリ）······················· 138
63 Stable Diffusion（ステイブル ディフュージョン）····· 140
64 Midjourney（ミッドジャーニー）··············· 142
65 Gen-3（ジェン スリー）···················· 144
66 Sora（ソラ）·························· 146
Column❸「人工知能の未来を懸念する理由は、AIが悪意を持つことではなく、私たちが注意を怠ることだ」（スティーブン・ホーキング）····················· 148

第4章 AIに関連した資格

67 G検定····························· 150
68 E資格····························· 152
69 AI実装検定（S級）······················ 154
70 Python 3 エンジニア認定データ分析試験·········· 156
71 AWS認定AIプラクティショナー··············· 158
72 AWS認定マシンラーニングエンジニアアソシエイト···· 160
73 Google認定データエンジニア················ 162
74 Microsoft認定 Azure AIエンジニア············ 164
75 データサイエンティスト検定（リテラシーレベル）······ 166
Column❹「すべてのモデルは間違っているが、一部は役に立つ」（ジョージ・E・P・ボックス）··············· 168

第5章 AIのビジネス利用の実態

76 生成AI導入の日米格差··················· 170
77 生成AIの導入が進む業界·················· 172

78 製品の開発・デザイン ·········· 174

79 問い合わせ対応 ·········· 176

80 商品説明の自動作成 ·········· 178

81 広告コンテンツの作成 ·········· 180

82 保険リスクの算定 ·········· 182

83 投資サポート ·········· 184

84 コード生成 ·········· 186

85 AIプロジェクトの失敗原因と対策 ·········· 188

Column❺ 「データがなければ、あなたはただの意見を持つ人と同じだ」（エドワーズ・デミング）·········· 190

第6章　AIによる未来のビジネス

86 マーケティング戦略を提案する営業・酒田夏樹 ·········· 192

87 新しい車をデザインする・喜市昭雄 ·········· 194

88 スーパーで販売戦略を立案する・坂井和弥 ·········· 196

89 信託銀行で富裕層を相手にする・小林清花 ·········· 198

90 人事システムを運用する・川鍋達敏 ·········· 200

91 コンテストを明日に控えた漫才師・ハイシーズ ·········· 202

92 若手育成に定評があるプロ野球のコーチ・佐々木光一 ·········· 204

Column❻ 「AIは我々の友人になれる」（ビル・ゲイツ）·········· 206

第7章　AIのもたらす未来

93 AIと生活者 ·········· 208

94 AIと就労者 ·········· 210

95 AIと社会 ·········· 212

96 AIと未来 ·········· 214

あとがき ·········· 216

ブックガイド ·········· 218

索引 ·········· 219

急速に浸透するAI

1 生成AIの登場

> ChatGPTに代表される「生成AI」の登場は、それまでのAIに対する考え方やイメージを大きく変えました。生成AIは驚異的な速度で世界中に普及しています。

　近年、AI（人工知能）が注目されるようになった最大の要因は「生成AI」の登場です。生成AIはさまざまなコンテンツを生み出せるAIで、その代表が米OpenAIの「ChatGPT」です。簡単な命令を入力するだけで、新しい文章（メール、論文、ポエムなど）などを生成でき、急速に世界中に普及しました。

　2022年11月末に発表されたChatGPTは、公開5日で全世界のユーザー数が100万人を超え、2カ月後には1億人を超えました。その普及の速度は、X（旧Twitter）やスマートフォンと比べても驚異的です。

　AIに関する研究開発は以前から徐々に進んでいましたが、ChatGPTに代表される生成AIが急速に注目されるようになった理由としては右図のようなものが考えられます。

　まず「精度」の向上です。ChatGPTなどで出力される文章の表現は自然であり、内容も正しいものが増え、ビジネスなどで使えるレベルになったといえます。精度向上の背景には「学習量」の多さがあります。

　コンテンツを生成する「スピード」が速くなったことも一因です。条件を入力し、条件に応じた文章を出力したり、画像を描いたりするための時間は格段に短くなりました。

　最後に「使いやすさ」も向上しました。ChatGPTなどのアプリケーションは、マニュアルなどを見なくても、簡単に使えるユーザーインターフェースになっています。

IT関連サービスの普及速度（1億ユーザー普及までの時間）

- ChatGPT：2カ月
- インスタグラム：2年6カ月
- スマートフォン：3年6カ月
- X（twitter）：5年5カ月
- インターネット：7年
- 携帯電話：16年

世界のユーザーが1億人を超えるまでの時間（月数）

出所）Visual Capitalist（https://www.visualcapitalist.com/threads-100-million-users/）のデータなどを基に作成

生成AIが急速に普及した要因

- 出力の「精度」
- 生成する「スピード」
- 「学習量」の多さ
- 「使いやすさ」

2

広がる生成AI

> ▶ 「生成AI」という聞き慣れない言葉も、登場からわずか1年で日本人のビジネスパーソンの約7割の人に知られるようになりました。

「生成AI」という言葉は、どれぐらい浸透しているのでしょうか。

日本人の一般就労者を対象に実施した「AIの導入に関するアンケート調査」（野村総合研究所）をみると、2023年5月の認知率は50.5%でしたが、10月には70.5%となっています。10月の調査では特に、「確かに知っている」と回答した人が増えています。着実に日本人に生成AIが浸透しているといえる。

性別・年代別でみると、生成AIは男性における認知率が高く、特に30歳代以上の男性では約8割の認知率となっています。女性の場合は年齢層を問わず6割程度の認知率です。

ChatGPTは2022年11月末に提供が始まりました。「生成AI」という言葉が、使われるようになったタイミングも同時期ですから、わずか半年で、日本における「生成AI」の認知率は5割程度まで高まりました。さらに、世の中に登場してから約1年後（2023年10月）には7割程度まで浸透したのです。

ChatGPTにより、生成AIの利用のハードルは大きく下がりました。そのため、インターネットや雑誌、テレビなどでも、「次世代の技術」として生成AIを大きく取り上げるようになりました。認知という点でも生成AIの認知の裾野を拡大しています。

12　第1章　急速に浸透するAI

生成AIの認知率の変化

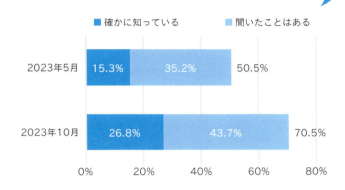

性別・年代別の生成AIの認知率

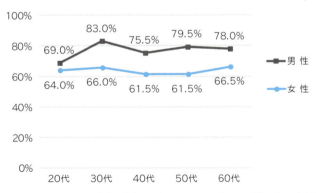

注）「生成AI」という言葉を、「確かに知っている」または「聞いたことはある」割合

出所）野村総合研究所「AIの導入に関するアンケート調査」、2023年5月・10月。日本全国に居住する20〜69歳のビジネスパーソンが対象。サンプル数は2,421人（2023年5月）、2,000人（2023年10月）※性別、年代別に均等割付

3 AIの市場規模

> ▶ 生成AIの市場は、関連するアプリケーションや、ソリューションサービスの開発・提供を中心に、世界市場、日本市場ともに、2030年に向けて年間50%程度で拡大します。

　電子情報技術産業協会による推計結果によれば、生成AIに関連する市場の規模は2023年では世界全体で106億ドル（約1兆6,000億円）と推計されています。さらに今後の年間平均成長率は50%を超え、2030年には2,110億ドル（約32兆円）に達すると予測しています。

　日本国内では、2023年に1,188億円、2030年に1兆7,774億円と予測されています。日本における今後の市場成長率は、世界全体と比べるとやや低くなりますが、それでも年間平均成長率は47%と高い水準です。今後、日本における生成AIの市場は2030年に向けて10倍以上に拡大すると考えられています。

　市場拡大の要因は、生成AIをビジネスに活用しようとする企業が増加することです。それに対応して、生成AIを提供する側のアプリケーションやサービスなどが充実することで市場が拡大します。例えば、クラウドベースの生成AIサービスが充実することで、企業は高価なハードウエアやインフラに投資することなく、強力な生成AIツールやリソースを利用できます。

　生成AIの基礎技術、基盤モデルを構築・向上するための投資も市場を拡大させます。先進的なIT企業は、積極的に基盤モデルの開発を進めており、今後さらに精度の高い基盤モデルができることが期待されます。

14　第1章　急速に浸透するAI

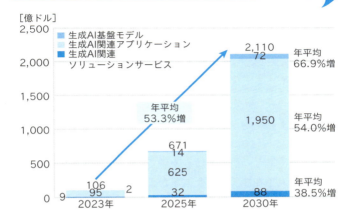

出所）電子情報技術産業協会
(https://www.jeita.or.jp/japanese/topics/2023/1221-2.pdf)

4

第4次AIブーム

> 過去にAIブームは3回起きており、今は第4次AIブームが始まったところです。第3次AIブームを牽引したのは「機械学習」でした。第4次は「生成AI」が鍵となります。

2024年は、生成AIのブームが来ていた年といえるでしょう。これは「第4次AIブーム」です。

第1次AIブームは1950年から1960年代に起こりました。「推論」や「探索」と呼ばれる技術で、ヒトの知能を表現しようとし、「人工知能」という言葉が使われ始めました。しかし、簡単な迷路を解くことはできても、現実社会の問題を解くことはできず、間もなくAIは冬の時代を迎えました。

第2次AIブームは1980年代に起こり、専門家の知識をルールとして教え込み、問題を解決させる「エキスパートシステム」の研究が進みました。しかし、問題を解くために必要となる情報を、コンピュータが理解できる形式で大量に用意することは難しく、再び冬の時代に入りました。

第3次AIブームは2000年代に始まり、ビッグデータ（大量のデータ）を用いることで、自ら知識を獲得する「ディープラーニング（深層学習）」の手法がブームを牽引しました。ディープラーニングとは、人間の脳を模した「ニューラルネットワーク」を使って、大量のデータを学習する方法です。この時に、AI囲碁プログラム「AlphaGo（アルファ碁）」が、世界トップレベルのプロ棋士に勝利して話題になりました。

そして今、第4次AIブームが始まっています。今回のブームで鍵になるのが生成AIであり、文章、画像、音声などのさまざまな種類のデータを扱うマルチモーダルが特徴です。

16　第1章　急速に浸透するAI

AIブームの歴史

データ流通量

小

1950年 1970年	第1AIブーム 探索・推論	・「人工知能」という言葉 ・ニューラルネットワーク ・自然言語プログラム ・大型コンピュータ
1980年 1990年	第2次AIブーム ルールベース	・インターネット ・エキスパートシステム ・ニューラルネットワークの応用研究 ・パソコン
2005年 2020年	第3次AIブーム 機械学習	・ビッグデータ時代 ・ディープラーニング ・画像認識 ・AlphaGoの勝利 ・スーパーコンピュータ
2023年 〜	第4次AIブーム 生成AI	・ChatGPT、生成AI ・マルチモーダル ・汎用人工知能 ・GPU

大

5

産業革命、情報革命から AI 革命へ

▶ 18～19世紀に起こった「産業革命」や、1990年代に起こったインターネットによる「情報革命」のように、AIが当たり前にある「AI革命」が起ころうとしています。

4度にわたるAIブームは1950年以降に起こったAI関連の事象を整理したものです。主にコンピュータの技術を背景にブームが起こったり、沈静化したりすることを繰り返してきました。もう少し長い目で見れば、現代は「AI革命」が起こっているといえます。まさしく大きな時代の転換点にいるのです。

18世紀に起こった第1次産業革命では、従来の手作業中心だった時代から、蒸気機関を動力源とする機械を使った工業生産へと移行しました。19世紀の第2次産業革命では、石油や電気を動力源とした機械・工場が普及して大量生産の時代に移行しました。生産が効率化されたために、労働者は職を奪われ、機械や工場建築物を打ち壊す「ラッダイト運動」が起こった時代でもあります。

1990年代はインターネットによる情報革命がありました。情報によって社会や生活が変革するようになり、ビジネスにおける情報の価値が大幅に高まり、情報技術（Information Technology＝IT）の進化により加速しました。

そして今、AI革命が起ころうとしています。蒸気機関、情報がビジネスを大きく変えたように、AIがビジネスを大きく変えようとしています。30年前には一般に普及していなかったインターネットが生活になくてはならない存在になったように、AIを使わないことが考えられない世界が来るのです。

産業に関する「革命」

18世紀

第1次産業革命
（蒸気機関、機械化）

19世紀

第2次産業革命
（石油・電気、大量生産）

1990年代

情報革命
（インターネット）

2023年〜

AI革命

6 遅れる日本の生成AI

> 生成AIの開発はアメリカのIT企業が牽引しており、日本の企業・政府の対応は遅れています。日本では2024年に、計算資源の確保などを主目的に「GENIAC」プロジェクトが始動しました。

生成AIの研究は、アメリカのAI研究機関「OpenAI」が牽引してきました。対話型生成AIサービス「ChatGPT」や、画像生成AI「DALL-E」などを次々と発表してきました。その後の生成AIモデルや、生成AIのサービスなどもアメリカの企業を中心に開発が進んでいます。生成AIの開発において、日本は大きく出遅れたのです。

生成AIの研究開発を推進するためには、研究者が利用できる大規模な計算資源の確保が求められます。生成AIの開発に欠かせない高性能なGPUを搭載したサーバーを大量に運用できるデータセンターは日本では限定的です。これらのクラウドサービスは、アメリカの大手IT企業への依存度が高いのが現状です。デジタル分野における貿易赤字である「デジタル赤字」は、2023年は5兆5,000億円（日本銀行推計）であり、デジタル基盤の海外依存により拡大傾向にあります。

生成AIに関する開発力を日本国内に醸成するために、経済産業省とNEDO（新エネルギー・産業技術総合開発機構）は2024年2月に「GENIAC（Generative AI Accelerator Challenge）」プロジェクトを立ち上げました。生成AIの基盤モデルの開発に必要な計算資源や、研究者同士の交流機会の提供を目的に活動しています。また、2024年10月には、生成AIの学習に必要なデータセットの構築や、データの利活用に向けた実証実験を支援する取り組みも始めました。

経済産業省が支援する生成AI基盤モデル開発（GENIACにおける実証事業：第1期）

採択事業者	内容
株式会社ELYZA	Depth up-Scalingという既存モデルのサイズを拡張する手法を用い、1,200億パラメータ級のLLMモデルを開発
株式会社Kotoba Technologies Japan	7Bパラメータの音声基盤モデルを開発
富士通株式会社	ナレッジグラフの技術を活用した基盤モデルを開発（論理推論を可能とするLLM）
株式会社ABEJA	RAGの高精度化を実施。MOE（混合エキスパート型）技術を活用して8×7Bのモデルを開発
Sakana AI株式会社	運用コスト10倍以上の大規模モデルと同等性能の小型モデルを開発
大学共同利用機関法人 情報・システム研究機構	オープンかつ日本語に強いLLM（172B：国内最大級）のモデルを開発
ストックマーク株式会社	ビジネス用途におけるハルシネーションを大幅抑止した基盤モデル（100B）を開発
Turing株式会社	自動運転に活用可能な700億パラメータ級のVison & Language Modelを開発
国立大学法人東京大学	200人以上の生成AIエンジニアを育成、アップサイクリング手法で8×8Bのモデルを開発
株式会社Preferred Elements	100B/1Tパラメータからなる大規模マルチモーダル基盤モデルを開発

出所）GENIACの公開資料より作成（https://www.meti.go.jp/policy/mono_info_service/geniac/selection_1/index.html）
注：Bは「Billion＝10億」、Tは「Trillion＝1兆」

7 計算資源と電力の確保

> AIの学習のために必要な計算量は飛躍的に増加しています。それに伴いデータセンターなどにおける電力消費量も莫大に増え、AIモデル開発のための電力確保も重要な課題です。

　生成AIの登場により、学習に必要な計算能力は加速度的に増加しています。2010年ごろから計算量は1年間で10倍以上に増え続けており、今後も増加が見込まれています。これらの需要に対応するためには、高性能で大規模化したデータセンターが必須です。デジタル赤字や安全保障の観点からも、日本国内でのデータセンターの整備が求められます。

　データセンターにおける電力需要が拡大していることも課題になっています。計算量の急増に伴い、消費電力量も急速に増加しています。コンピュータ内のCPUやメモリなどのパワーは、実行時間に比例するため、電力量の需要も拡大しているのです。

　電力中央研究所の試算によれば、今後のデータセンターの新増設を考慮した中位推計で、2040年は65TWh（テラワット時）、2050年は107TWhの電力が必要になると予測しています。データセンターにおける電力需要は、2021年実績値（20TWh）と比較すると、2040年は3倍（最大5倍）と推定されています。

　日本の総発電電力量は2022年度で約1,000TWhです。データセンターにおける今後の電力需要の拡大は、現在の日本の総発電電力量の4%程度に相当します。今後は、計算能力の確保とともに、低消費電力化や、発電施設の近隣にデータセンターを建設することも重要になります。

第1章　急速に浸透するAI

データセンターの電力需要

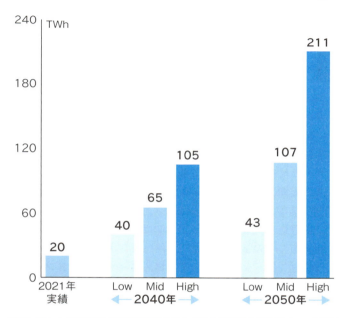

出所）電力中央研究所「2050年度までの全国の長期電力需要想定」、2024年3月5日

8 学習データの不足（AIの2026年問題）

> ▶ AIの学習データはインターネット上にある情報を活用することが多く、2026年には良質な学習データが枯渇するといわれています（AIの「2026年問題」）。

AIの開発のためには大量のデータが必要となります。多くはインターネット上にある大量のデータを読み取って学習していました。テキスト、画像、動画など、さまざまなデータが学習用に使われています。

データは品質に基づいてレベル分けでき、ニュース記事、論文、書籍、Wikipediaなど編集されたものは「高品質」なデータです。X（旧Twitter）のようなSNSなどで一般生活者が書き込んだ編集されていないデータは「低品質」と分類されます。AIの学習のためには高品質なデータが有効です。

しかし、データ提供元のアクセス制限や、ライセンス契約の動きなどにより、インターネット上から高品質なデータを勝手に取得することが難しくなってきています。2026年にはインターネット上から良質なデータが枯渇すると指摘する専門家もおり、AIの「2026年問題」ともいわれています。

新しい学習データをいかに確保するのかは、AIの基盤モデルを構築する企業にとって大きな課題となってきています。新たな情報源を求める競争が激化しています。

海外では、新聞社などと提携して新聞記事などを学習データとして活用するAI企業も増えてきています。日本でも、コンテンツを保有する企業（新聞社、出版社、放送局、Webメディア会社など）との提携による学習データの確保が重要になる可能性があります。

第1章　急速に浸透するAI

学習データの枯渇予測

低品質の言語データは2030年から2050年までに、高品質の言語データは2026年までに、画像データは2030年から2060年までに、枯渇すると予測している。
このため、将来的には、機械学習 の進歩が遅くなる可能性があると考えている。
（EPOCH AI、2022年11月）

	トレンド予測	可能性予測
低品質の言語	2028年〜2039年	2034年〜2048年
高品質の言語	2023年5月〜 2025年7月	2023年2月〜 2025年3月
画像	2037年〜2062年	2032年4月〜2049年

出所）https://epoch.ai/blog/will-we-run-out-of-ml-data-evidence-from-projecting-dataset

AIに使われる学習データ

AI開発初期
インターネット上のデータを（勝手に）クローリングして収集したもの

現在
ライセンス契約を結んだニュース・メディア企業などからデータを購入

今後
新聞社、出版社、放送局などのコンテンツを有する新たな企業との提携

9

AIの暴走

> 悪意をもってAIを利用することに対する懸念だけではなく、AIが勝手に判断・動作する「AIの暴走」に対する懸念も強くあります。

AIが浸透することで一般生活者が不安に感じていることを整理すると右図のようになります。「個人情報の漏洩」や、「情報の信頼性」などに対して不安を感じている人が多くなっています。自身の個人情報がどこかで悪用されてしまうことや、AIによりウソの情報が出回ってだまされてしまうことに対する不安が強いようです。

AIがウソをつくハルシネーションの問題や、生成した画像などによるディープフェイクは、すでに現時点でも大きな問題です。これらはAIの技術的な課題というだけではなく、AIを使う人が悪意をもって利用することも大きな要因になっています。

一方で右図をみると、「AIによる不当な判断・差別」「想定外の動作の発生」「AIによる意思決定・感情の操作」などを不安と感じている人もいます。AIが知らぬ間に、勝手に意思決定することや、使う人が想定していない判断・動作をすることに対する不安を感じているようです。SF映画などで見られる「AIの暴走」と言われるような問題です。

2024年のノーベル物理学賞を受賞したAI研究者であるジョン・ホップフィールド氏は、AI技術の進歩を制御しなければ大惨事につながると警鐘を鳴らしています。AIがどのように機能するのかについて理解が不足しており、AIの暴走を防ぐために、その構造への理解を深めるべきと語っています。

26　第1章　急速に浸透するAI

AIの技術について不安に感じていること

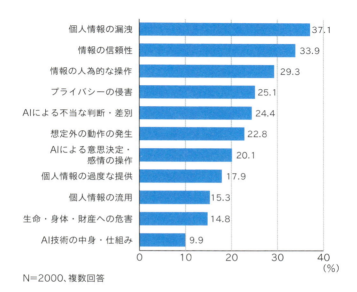

項目	%
個人情報の漏洩	37.1
情報の信頼性	33.9
情報の人為的な操作	29.3
プライバシーの侵害	25.1
AIによる不当な判断・差別	24.4
想定外の動作の発生	22.8
AIによる意思決定・感情の操作	20.1
個人情報の過度な提供	17.9
個人情報の流用	15.3
生命・身体・財産への危害	14.8
AI技術の中身・仕組み	9.9

N=2000、複数回答

出所）野村総合研究所「AIの導入に関するアンケート調査」（2023年10月）、日本全国に居住する20〜69歳のビジネスパーソンが対象

10 生成AIから汎用人工知能へ

> ▶ AIの研究は、特定のタスクの処理を行う「特化型AI」からスタートし、現在の「生成AI」を経て、将来は人間に近い思考回路を持つ「汎用人工知能」へと進化します。

　生成AIの次に「汎用人工知能（Artificial General Intelligence：AGI）」という言葉が注目されています。人間のように十分に広範な適用範囲と、強力な汎化能力を持つAIのことです。

　AIという言葉ができた第1次AIブームのときは、人のような知能を持つことが最終的な目的となっていましたが、最初からすべてに対応することは困難でした。そのため、狭い範囲の個別タスクに対応するようにAIを開発していました。汎用型という概念に対して、特化型AIなどと呼ばれていました。

　近年は、技術開発が進み、従来の目的であった「人のような一般的な知能」を持ったAIの研究・開発が進んでいます。これを「汎用人工知能」と呼んでいます。汎用人工知能は、人間に近い思考回路や感情を持ち、さまざまなタスクや問題に対応できる能力を持っていると定義されます。自分自身で多くの情報を処理し、学習・進化し、状況に応じた適切な対応や問題の解決ができるのです。

　この考え方は生成AIが目指しているものと同じで、生成AIの研究の先に汎用人工知能があるといえるでしょう。AIが賢くなり、人間の脳と同レベルになるタイミングのことを「シンギュラリティ」といいます。汎用人工知能の完成はシンギュラリティが来たことを意味しています。

28　第1章　急速に浸透する AI

生成AIから汎用人工知能へ

特化型AI（弱いAI）

- 狭い範囲の個別タスクに対応
- 感情を読み取ることはできない
- 人が学習データを与え、最適な回答を導く
- 機械翻訳、音声認識など

生成AI

- 複数のタスクの処理に対応
- 人の気持ちや感情も考慮する
- 与えられた学習データから新たな回答を創造する
- 文章作成、画像生成など

汎用人工知能：AGI（強いAI）

- 人間に近い思考回路を持ち、さまざまなタスクに対応
- 感情を理解できる
- 自ら情報やデータを処理し、学習、進化できる
- SF映画のようなロボットなど

「AIは新しい電気だ」
(アンドリュー・ング)

　AIや機械学習の分野で世界的に有名な研究者であるアンドリュー・ング氏の言葉です。

　AIの発明は、電気が発明されたときのように、社会的にも産業的にも大きなインパクトがあることを表した言葉です。今ではなくてはならないものとなった電気のように、やがてAIも産業や生活におけるインフラとして取り込まれていることでしょう。

　電気と同様に今後、AIによる産業革命が起きることも予見していると考えられます。また、電気が人々の生活を変えたようにAIも日常生活を大きく変えることになるでしょう。

　ング氏はAI教育の分野でも発信しており、これからのAI時代で最も重要なスキルとして「学び続けること」を提唱しています。AIをインフラとして使いこなすためには、人々の学び続ける努力も必要になります。

第 2 章

知っておきたい
AIの基礎知識

第２章では「知っておきたいAIの基礎知識」として、最近のAIに関連する45の用語を整理しています。「生成AI」などの基本的な用語から、「AIエージェント」や「人工超知能」など最新の用語まで解説をしています。各項目の一覧をマッピングしたものが右ページの図です。

　横軸は、用語としての「新しさ」の度合いを表しており、左側に位置するものが以前から話題になっている用語で、右側に位置するものが最近話題になっている用語です。縦軸は、下側がより基礎的なもので、上側にいくほど、応用的なものとなります。また類似の技術や背景など、関係が近い項目については、それぞれ近い場所に配置しています。各用語を学ぶ際の参考にしてください。

　古くから専門書で整理されている古典的・基礎的な内容から、新しくて実践的な内容まで、AIを活用するための基本スキルとして知っておいてほしい用語を整理しました。AIを業務に導入する際に、各用語はどのような位置づけなのか、その用語の背景として知っておくべき知識は何かなど、マッピングを辞書的にも活用できるでしょう。

第2章で紹介する基礎知識のマッピング

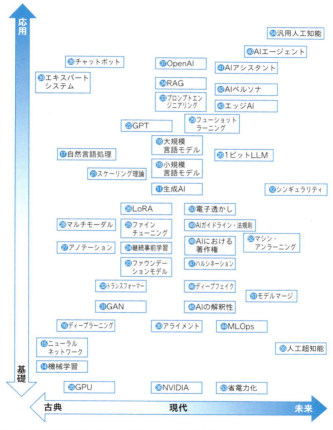

※「⑬AI・機械学習・ディープラーニング」は割愛

11 生成AI

> 生成AIとはさまざまなコンテンツを生成できるAIのこと。「Generative AI」とも呼ばれ、データのパターンや関係を学習し、新しいコンテツを生成することを目的としています。

生成AI（Generative AI）の「Generative」という単語は、「生産」または「発生できる」という意味です。つまり生成AIは「さまざまなコンテンツを生成できるAI」または「さまざまなコンテンツを生成する学習能力があるAI」ということができます。

生成AIは数あるAIの1つですが、何かを生成できるだけではなく、生成するために学習できるのが特徴です。例えば、条件に応じた文章を生成できますし、新たなデータを入力して学習することで生成する文章の精度を高められます。

生成AIという言葉が注目されているのは、「従来のAI（生成AIが出てくる前のAI）」とはいくつかの違いがあるからです。

従来のAIでも、データの整理・分類を学習し、その結果に基づいて予測を行い、結果を出力してきました。決められた行為の自動化が目的であり、出力される結果は、数値データやテキストデータなど、構造化されたものが多く、新しい形で創造されたものではありませんでした。

生成AIの場合は、情報の特定や予測ではなく、結果を創造することを目的に、データのパターンや関係を学習します。構造化されていないデータセットを基に学習し、新しいコンテンツを生成するのです。

第2章　知っておきたいAIの基礎知識

生成AI

> Generative AI
> （生成AI、生成系AI）

＝

> さまざまなコンテンツを
> 生成する学習能力
> がある人工知能（AI）

従来のAIと生成AIの違い

	従来のAI	生成AI
領域	特定や予測	創造
ビジネスインパクト	決められた行為の自動化	新しいコンテンツの生成
学習データ	具体的なデータセット	構造化されていないデータセット
学習の視点	情報の整理・分類・検索	パターンと関係を学習
出力の特徴	構造化されたもの	非構造化形式
出力例	データ	文章、画像、音声

12 シンギュラリティ

> シンギュラリティとは「技術的特異点」の意味で、急速に技術の変化が進む時点のこと。近年はAIの飛躍的な進化により、人間の知能を超える時点を表す言葉です。

シンギュラリティは、AIの研究者の間で使われるようになって注目を集めている言葉です。もともとは数学や物理学の分野で使われる用語で、通常とは異なるところを意味する「特異点」のことです。科学技術は指数関数的に進化すると言われており、急速に変化が進む時点を「シンギュラリティ（技術的特異点）」と呼んできました。現在は、「AIが人間の知能を超える時点」を指す言葉として使われるようになりました。

シンギュラリティの前提には、科学技術が指数関数的に進化するという考え方がありますが、その一方で、進化が限界を迎えると主張する学者もいます。「AIは自我を持てないため、人間の知能を超えることはできない」という考え方もあり、シンギュラリティは来ない、または、遠い将来になると考えている人もいます。AIの進化のためには、高品質なデータが必要になりますが、それらのデータ収集が困難になると考えている人もいます。

2045年ごろに来ると予測されたシンギュラリティですが、生成AIの進化により、そのタイミングがもう少し早まるのではないかといわれるようになりました。現状の生成AIブームがシンギュラリティを招いたとは言いきれませんが、生成AIの進化の先にシンギュラリティがあることは間違いありません。

シンギュラリティ（技術的特異点）とは？

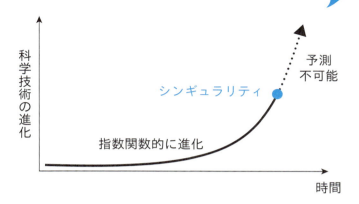

シンギュラリティは来るのか？

13 AI・機械学習・ディープラーニング

> ▶ 「AI（人工知能）」を実現するためのデータ分析技術の1つが「機械学習」です。そして機械学習における代表的な分析手法の1つが「ディープラーニング」となります。

　生成AIのブームが来る前には、「機械学習」や「ディープラーニング」という言葉が話題になっていました。それぞれデータの分析手法を指します。データ分析によって、ビジネスや生活を変えていこうと話題になっていました。AIや機械学習などの各言葉の関係を、概念的な大きさから整理すると右図のようになります。

　「AI（人工知能）」の概念が最も広いといえるでしょう。AIの明確な定義はありませんが「人工的に作られる知能」といえます。人工的な知能は、大量データの背景にあるルールを基に作られます。その1つに「生成AI」があります。AIの中でも、決まった行為の自動化ではなく、新しいものを生成することを目的としたAIが生成AIです。

　データの背景にあるルールを、機械（コンピュータ）を用いて発見する方法が「機械学習（マシンラーニング）」です。機械でルールを発見する場合でも、ルールの構造をコンピュータに教えておく必要があります。構造を検討する際に、脳の神経回路（ニューロン）のネットワーク構造を基にした考え方が「ニューラルネットワーク」です。ニューラルネットワークの中でも、構造をさらに多層的にすることで、より正しいルールを見つける考え方が「ディープラーニング（深層学習）」です。ハードウエアの進化もあり、多層化することが可能になりモデルの精度が高まりました。

38　第2章　知っておきたいAIの基礎知識

AI・機械学習・ディープラーニングの関係

14 機械学習

▶ 機械学習とは、データを分析する方法の1つで、データから、「機械（コンピュータ）」が自動で「学習」し、データの背景にあるルールやパターンを発見する方法です。

　機械学習がデータの背景にあるルールやパターンを学習する方法は3種類あります。

　「教師あり学習」では、入力データと出力データの関係を分析します。機械的にすべてのデータの組み合わせで統計学の手法である回帰分析を、実施する方法などがあります。

　「教師なし学習」では、入力データの背景にある隠れたパターンや構造を見つけ出します。各データ間の近さや類似度などを計算して、データをグループに分けたり、データ間のつながりを推計したりします。

　「強化学習」は、教師あり、教師なし学習とは異なり、最初からデータがあるわけではなく、システム自身が試行錯誤しながら、精度を高めていくための学習方法です。

　いずれの学習方法も、変化の要因に対して、将来を正しく予測し、その結果から成果を最大化するために、入力（インプット）を考えることが目的です。機械学習で最も重視されることは予測の精度です。データの背景にあるルールが正しく説明できているかどうかではなく、より正しく予測できているかどうかを重視しています。

　機械学習により、売り上げを最大化するためのマーケティング戦略や、工場における生産工程や配送ルートを最適化するための施策を考えられます。機械学習はビジネスの分野でも広く用いられるようになってきています。

40　第2章　知っておきたいAIの基礎知識

機械学習の種類

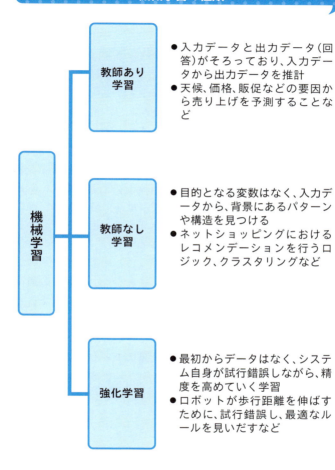

15

ニューラルネットワーク

> 機械学習における手法の1つで、人間の脳の神経回路（ニューロン）の構造を基に、データの関係・構造を表現する方法のこと。

　人間の脳には数百億もの神経細胞があり、密接につながって神経のネットワークを形成しています。個々の神経細胞は入力内容を判断、解釈して、何らかの出力を行っています。具体的には、複数の入力内容に応じて、情報を重み付けしながら、出力するシンプルな作業を行っています。これが多くの神経細胞が複雑に絡み合うことで高度な処理・判断が行われています。この考え方を応用してモデル化したものが「ニューラルネットワーク」です。

　脳の構造を模した数理モデルを使うことによって、単純な分類や回帰ではないデータ分析が可能となり、データの関係性を表す精度が高まるようになりました。各入力情報に対して重みを付けて合計し、その値が閾値を超えているかどうかで出力を行います。

　AIで活用する場合には、まずは大量のデータをニューラルネットワークで学習させます。例えば、手書き文字や動物の写真などのデータと、それぞれの回答（「3」や「猫」など）の組み合わせを入力して、学習させます。学習させた結果、各変数の重みや閾値などが最適化されます。

　学習結果を用いて、新たな手書き文字や動物の写真が入力された場合に、その回答を推論（過去のデータから最も確率の高い結果を出力）することができます。こうして未知のデータに対して予測や分類が可能となるのです。

42　第2章　知っておきたいAIの基礎知識

脳の神経回路

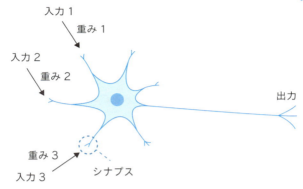

入力内容はシナプスで重み付けされて出力

ニューラルネットワーク

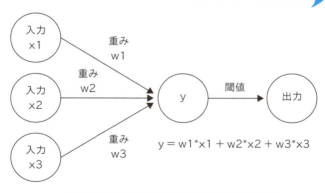

$y = w1*x1 + w2*x2 + w3*x3$

それぞれの入力情報に重みが掛け合わされて
閾値を超えた場合に出力がある

16 ディープラーニング

> ▶ ニューラルネットワークの中でも、構造をさらに多層（ディープ）的に考える方法。AIにおける学習アルゴリズムの基本となる考え方です。

　ニューラルネットワークの考え方を応用し、入力に対して単純に出力するだけではなく、何層にも重なった「中間層（隠れ層）」を設け、多層化して学習する方法が「ディープラーニング」です。ディープニューラルネットワークともいわれています。層を増やすことで、情報の複雑さに対応できるようになり、データの分析精度が向上することが特徴です。

　ディープラーニングの事例として「手書き文字認識」があります。例えば「3」という手書き文字を認識する場合も、手書き文字の領域を分解し、多層化して判断基準（ルール）を見つけます。2×2に分割して考えた場合、左上のブロックは、「右肩あがり線が多い」「左下が途切れている」ことが、「3」という数字の特徴と判断できます。「右肩あがりの線が多い」ということを、さらに階層化すると、そのブロックの左上側では「半分だけ文字がある（黒い）」というルールが見つかります。「左下が途切れている」ことは、左下側では「空欄なこと」などがルールとなります。多層化してルールを見つけることで、より正確なルールを導出できるのです。

　最近、流行している生成AIでは、テキスト、画像、音声といった複数の種類のデータを同時に取り扱って分析を行うマルチモーダルが当たり前になってきました。ディープラーニングは、画像認識、音声認識、自然言語処理などの分野で活用されており、生成AIを支える基礎的な技術といえます。

ディープラーニング

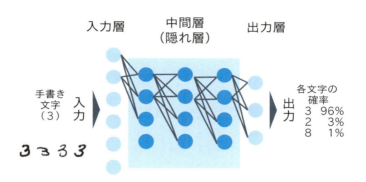

左上、左下などの各ブロックの情報

【判断基準(ルール)】
・全体的に白が多い
・マスの半分は黒い
・上側が黒い
・右肩上がりに黒い
・左下が白い

} ルールを多層化

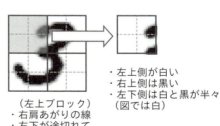

(左上ブロック)
・右肩あがりの線
・左下が途切れている

・左上側が白い
・右上側は黒い
・左下側は白と黒が半々(図では白)

17

自然言語処理

> 自然言語処理（NLP）は、コンピュータが人間の言語を理解・処理する技術。ルールベースから統計的手法、ディープラーニングを経て進化し、「BERT」や「GPT」などが誕生しました。

　自然言語処理（NLP: Natural Language Processing）は、コンピュータが人間の言語（自然言語）を理解し、処理するための技術を指します。その歴史は1940年代のコンピュータの誕生とともに始まり、当初は自然言語の構造やパターンを規則化し、それをコンピュータで模倣するルールベースのアプローチが主流でした。しかし、ルールベースの手法は柔軟性が低く、専門領域や多様な表現に対応することが難しく、実用面での限界がありました。

　1990年代以降、インターネットの普及によるテキストデータの爆発的な増加、コンピュータの性能向上、そして機械学習アルゴリズムの進展により、大量のデータを基に言語の規則性や確率を学習する手法が活用され始めました。

　2010年代に入ると、ディープラーニング技術が急速に進化し、ニューラルネットワークが自然言語処理に広く応用されるようになりました。これにより、従来の手法を大きく上回る性能を持つ言語モデルが登場し、文脈を捉えた高精度な文章生成や解析が可能となりました。特に2017年、Googleの研究者らによって発表された「Transformer」は、大規模データの並列処理を可能にし、「BERT[※1]」や「GPT[※2]」といった先進的な自然言語処理技術の基盤となりました。これらの技術は、自然言語処理の新たな時代を切り開き、さまざまな分野での応用を加速させています。

自然言語処理

- 自然言語処理は「言語解析タスク」と「応用タスク」に分類できる。
- 言語解析タスクは応用タスクを解くための部分問題に該当する。

分類	タスク	概要
言語解析タスク	形態素解析	テキストを単語列に分割し、品詞を同定する処理
	語義曖昧性解消	複数の語義を持つ単語の語義を特定する処理
	固有表現抽出	人名・地名・企業名などの固有名詞や、日付などを抽出する処理
	構文解析	文法規則に基づいて、語句の依存関係を抽出する処理
	述語項構造解析	述語を中心とした意味構造を抽出する処理
	意味解析	文の意味を解析し、論理式などの意味構造を抽出する処理
応用タスク	機械翻訳	ある言語で書かれた文章を別の言語に翻訳するタスク
	文章分類	文章を任意のカテゴリーに分類するタスク
	文章要約	与えられた文章の要旨を短くまとめるタスク
	質問応答	自然言語で与えられた質問に対し、その答えを提示するタスク
	対話	自然言語で会話を行うタスク
	情報検索	特定のキーワードや条件に基づき、文章やデータを探し出すタスク
	文章生成	コンピュータに文章を生成させるタスクの総称

※1．Bidirectional Encoder Representations from Transformers
※2．Generative Pre-trained Transformer

18 大規模言語モデル（LLM）

▶ 大規模言語モデル（LLM）は、膨大なデータと強力な計算資源を使用して学習し、自然言語処理タスクにおいて高精度な結果を生成する技術です。

　言語モデルとは、人間が日常的に話したり書いたりする自然言語において、次に出現する単語を予測するためのモデルです。古くから研究が進められてきましたが、2018年にGoogleが「BERT」というディープラーニングを活用した新しいアーキテクチャを発表しました。BERTは、文章全体の文脈を理解する能力に優れ、モデルの規模を拡大することで精度を高める特性を持っています。

　大規模言語モデル（LLM: Large Language Models）は、膨大なデータセットとディープラーニング技術によって構築された非常に大きな言語モデルです。「大規模」とは、従来モデルに比べて「計算量」「データ量」「パラメータ数」が飛躍的に増加していることを意味します。計算量はコンピュータの処理負荷、データ量は入力されるテキスト量、パラメータ数はモデルが学習に使う重みの多さを指します。2020年にOpenAIの研究者たちが提唱した「スケーリング理論」によって、これらの要素を大規模化することでモデルの性能が飛躍的に向上することが実証され、LLMの進化が加速しました。OpenAIの「ChatGPT」など、最新のAIシステムでもLLMが活用されています。

　大規模言語モデルは、チャットボット、検索エンジン、翻訳、顧客のフィードバック分析、議事録生成、文章要約といった自然言語を扱う多様なタスクで応用が進んでいます。

単語の出現確率でモデル化した、言語モデルのイメージ

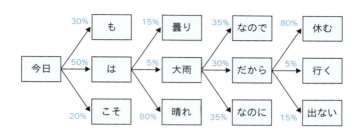

スケーリング理論

| 計算量 | データ量 | パラメータ数 |

⬇

これらの要素を大規模化することで
言語モデルの性能が飛躍的に向上

19 小規模言語モデル（SLM）

> ▶ 小規模言語モデル（SLM）は、パラメータ数が数億から数十億程度の言語モデル。開発・運用コストの削減や、セキュリティ面での利点があるため注目されています。

小規模言語モデル（SLM：Small Language Models）とは、大規模言語モデル（LLM: Large Language Models）と比較して、「計算量」「データ量」「パラメータ数」が小さい言語モデルを指します。一般的に、パラメータ数が数億から十数億程度のモデルを指すことが多いです。

LLMは、膨大なデータセットとディープラーニング技術を活用して構築され、その性能は急速に進化してきました。2020年に発表されたスケーリング理論により、パラメータ数が1000億を超えるモデルが次々と登場しています。しかし、このようなLLMを学習・運用するには、大量のGPUなどを搭載した大規模な計算リソースが必要です。

そのため、大規模化に頼らずに性能向上を図る動きが活発化し、小規模言語モデル（SLM）に注目が集まっています。

SLMの開発には、大規模モデルの知識を小規模モデルに転移し、軽量化を図る「蒸留」や、モデルの重みを低精度（例：16bit→4bit）に変換する「量子化」といった手法が活用されます。これによりモデルがコンパクトになり、推論速度の向上や計算資源の負荷を抑えた効率的な運用が可能になります。

SLMの利点は、チューニングのしやすさ、開発や運用コストの削減、オンプレミス環境での稼働が容易でセキュリティ面の利便性が高いことなどが挙げられます。秘匿性が高いデータを取り扱う業界に適合しやすいと言われています。

小規模言語モデル

大規模言語モデル（LLM）は、モデルの学習や利用において、大規模な計算リソースが必要

データセンター

小規模言語モデル（SLM）は、一般的なパソコンやスマートフォンのようなデバイスの中だけで動作させることも可能

主要なモデル圧縮手法

	蒸留	量子化	枝刈り
概要	大規模な教師モデルの知識を小型の生徒モデルに転送	モデルのパラメータや計算について、ビット精度を下げて計算処理を行う	モデル内の不要なパラメータやニューロンを削除し、モデルを軽量化する
利点	精度を維持しつつ小型化	計算に必要なメモリが削減、計算処理の高速化	計算量が減り、推論速度が向上
欠点	教師モデルが必要で、学習過程が複雑	やりすぎるとモデルの性能が大幅に低下する	やりすぎるとモデルの性能が大幅に低下する

20 1ビットLLM

> ▶ 1ビットLLMは、データを0と1の2値に量子化して計算する技術です。メモリや消費電力の削減により、小型デバイスでもLLMの実行が可能になると期待されています。

1ビットLLMとは、0と1の2値でデータを表現する1ビット量子化技術を用いて学習・推論を行う大規模言語モデル（LLM）のことです。通常、LLMはディープラーニングで浮動小数点数を使用しますが、この浮動小数点を整数やNビットの離散値に近似して計算する手法を量子化と呼びます。

量子化を行うことで、計算に必要なメモリやデータ通信量が削減され、処理速度が向上し、消費電力の削減にもつながります。ただし、数値が離散化されるため、情報量が減少し、精度が低下する可能性があります。

2023年10月、Microsoft Researchは「BitNet: Scaling 1-bit Transformers for Large Language Models」という論文を発表し、GoogleのTransformerを改良した「BitNet」という1ビットLLMを開発しました。さらに、2024年2月には、-1、0、1の3値で量子化する「BitNet b1.58」を発表し、浮動小数点型LLMと遜色ない精度を達成したことで話題となりました。

量子化による言語モデルのコンパクト化は、GPU不足の軽減や消費電力削減に加え、家電やスマートフォンなど小型デバイスでのLLM実行にも大きな可能性を広げています。

52　第2章　知っておきたいAIの基礎知識

1ビットLLM

通常の計算処理(浮動小数点含む)

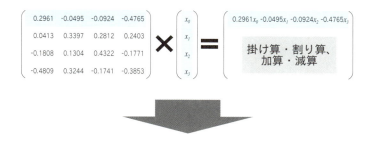

-1、0、1の3値で量子化する「BitNet b1.58」

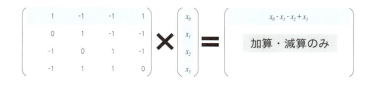

メモリ使用量の削減、計算処理の高速化、
省電力化、低スペックな計算機でも
動作可能などのメリットが生まれる

21 スケーリング理論（べき乗則）

> スケーリング理論は、モデルのパラメータ数、データセットのサイズ、計算資源を増やすと、性能がべき乗的に向上するという法則。高性能AIの開発や効率的なリソース配分に重要です。

「スケーリング理論（べき乗則）」とは、深層学習モデルの開発において、モデルの性能がモデルの規模に対してべき乗的な関係で向上するという法則です。より高性能なAIモデルを効率的に開発するための重要な指針となっています。

この法則は、2020年にOpenAIが発表した論文「Scaling Laws for Neural Language Models」で知られるようになりました。この研究では、「計算資源」「データセットのサイズ」「モデルのパラメータ数」の3つの要素をそれぞれ増やすことで、モデルの性能がどのように向上するかを分析しています。分析の結果として、これらの要素を大規模化すればするほど、性能（例えば、予測の精度や損失）が一定の割合で向上することが示されました。

この理論は、AIモデルの開発においてエポックメイキングなものとなりました。計算資源やデータをとにかく大量に投入し、パラメータ数を増やすだけで、かつてない高い性能のモデルを作れると示唆されたからです。近年、急速な性能向上を実現したChatGPTなどの大規模言語モデルは、この法則に基づいて3つの要素を大幅に拡大しています。

スケーリング理論は効率的なリソースの活用にもつながります。限られた時間とリソース制約の中で、どの要素を優先的に増やせば最も効果的に性能向上が見込めるかを判断でき、最適なリソース配分を決められます。

54　第2章　知っておきたいAIの基礎知識

スケーリング理論(べき乗則)

【スケーリング理論】
計算資源とデータセットのサイズとパラメータ数を
増やすほど、性能が良くなる

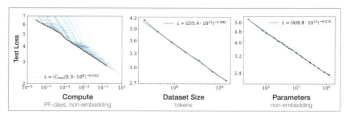

出所)Kaplan、McCandlishなど「Scaling Laws for Neural Language Models(2020)」左から「計算資源」「データセットのサイズ」「モデルのパラメータ数」のべき乗則を示している。

2022年 ChatGPTの発表

世界中のIT企業による
開発競争が激化

22

GPT

> OpenAIが開発したGPTは、Transformerを活用した革新的な大規模言語モデルです。さまざまな自然言語処理タスクに適用され、生成AI技術の発展を大きく牽引しています。

「GPT（Generative Pretraining Transformer）」　は、2018年にOpenAIが発表した言語モデルで、ディープラーニングの一手法であるTransformerを基盤としています。GPTは、まず大量の教師なしデータから文法や言語的特徴を学習し、その後、少量の教師ありデータで微調整（ファインチューニング）を行うことで、特定のタスクに対応できるようになります。これにより、「質問応答」「意味一致の判定」「含意関係の判断」などの自然言語処理タスクをこなせるようになります。このプロセスは、事前学習と微調整（Pre-Training & Fine-Tuning）として知られています。

　GPTは、その革新性により、当時の自然言語処理分野において最高水準（State-of-the-Art, SoTA）の性能を実現し、大きな注目を集めました。2019年には、より大規模なデータセットを使用した「GPT-2」が登場し、2020年にはさらに大規模なモデル「GPT-3」が開発されました。GPT-3は、GPT-2を大幅に上回るパラメータ数を持ち、幅広い自然言語処理タスクで優れた成果を上げています。

　2022年11月に公開されたChatGPTは、サービス開始当初、GPT-3の改良版である「GPT-3.5」を基盤としており、瞬く間に世界的な話題となりました。GPTシリーズは、生成AIの普及を牽引する重要な技術の1つであり、今日の生成AIブームの起点となったといえるでしょう。

第2章　知っておきたいAIの基礎知識

OpenAIの言語モデルGPTシリーズ

言語モデル（公開年）	パラメータ数（最大）	データセットのサイズ	概要
GPT（2018年）	1.17億	未公開(Book Corpus等)	・最初のGPTシリーズ ・Pre-Training & Fine-Tuningの手法で開発
GPT-2（2019年）	15.42億	40ギガバイト	・大量の教師なしテキストデータを使い、さまざまなタスクに対応できる汎用的な言語モデルの実現を目指し開発
GPT-3（2020年）	1,750億	570ギガバイト	・GPT-2よりもはるかに大きなパラメータのモデルを巨大なデータセットで学習させた、超大規模言語モデル
Instruct GPT（2022年）	1,750億	未公開（GPT-3ベース）	・人間からのフィードバックを基に強化学習を行う手法を取り入れ、より好ましい回答ができるように調整
GPT-3.5（2022年）	未公開（GPT-3ベース）	未公開（GPT-3ベース）	・GPT-3をベースにInstructGPTの手法を取り入れて学習 ・ChatGPTで使用可能な言語モデルの1つ
GPT-4（2023年）	未公開	未公開	・テキストと画像に対応したマルチモーダルモデル ・GPT-4 Turbo with Vision、GPT-4 Omniなどの派生モデルが存在
OpenAI o1（2024年）	未公開	未公開	・2024年に公開されたマルチモーダルLLM ・推論能力が大幅に向上

23 ファウンデーションモデル

> ▶ 大量のデータを学習させ、データが対象とするドメイン知識を獲得した状態のAIモデル。モデル開発の基盤となり、具体的なタスクにチューニングして利用します。

「ファウンデーションモデル」とは、大量のデータを使って学習がなされ、そのデータから特定ドメイン（分野）に関する知識を獲得した学習済みのAIモデルを指します。

通常ファウンデーションモデルは、何も学習していない「空の」AIの構造に対し、Wikipediaなどのデータを学習データセットとして与えて、学習（事前学習）させたものです。自然言語処理モデルであれば、米Metaの「Llama」や東京科学大学の「Swallow」などが公開・配布されています。

しかし、これらモデルをあらかじめ用意された機能以外の特定のタスクに対して扱うには、チューニングが必要です。

医療のような専門性の高い知識や用語が多用される領域に適用する場合は、専門領域特有の知識を獲得させることが重要となります。Wikipediaのデータから一般の知識を獲得したように、大量の医療テキストデータを用意して、追加的な事前学習（継続事前学習）を実施します。

次に特定の目的や課題に対応するために正解データを用意して、追加の学習（ファインチューニング）を行います。

このようにAIモデルの開発では、データやタスクに応じた知識をあらかじめ獲得しているファウンデーションモデルを使い、継続事前学習やファインチューニングにより、モデルを調整することが行われます。

58 第2章 知っておきたいAIの基礎知識

ファウンデーションモデル

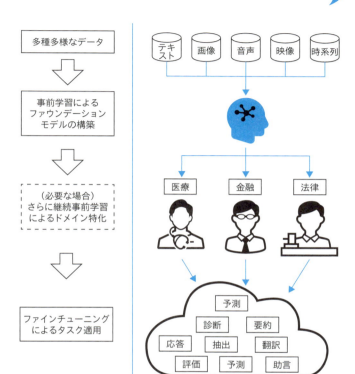

注）代表的なファウンデーションモデルの一覧表はスタンフォード大学のファウンデーションモデル研究センター（Center for Research on Foundation Models）上に整理されている。
https://crfm.stanford.edu/ecosystem-graphs/index.html

24 継続事前学習

> 特定のタスクを解くための学習と異なり、ファウンデーションモデルに不足する特定の言語やドメイン知識を付与するために追加で行う事前学習を指します。

　ファウンデーションモデルに追加する学習には、「継続事前学習」と「ファインチューニング」の2つの方法があります。まず継続事前学習について説明します。

　モデルに固有の知識が不足していると考えられる場合、特定タスクのために追加で学習するファインチューニングだけでは十分に精度が上がらないことがあります。通常、配布されているファウンデーションモデルは、すでに大規模データで学習されているものの、その多くはWikipediaなどのWeb上の公開データです。そのため、医療や金融などの専門用語や独自の表現を多く含むテキストでは、テキストのパターンや用語が異なり精度が落ちてしまいます。

　継続事前学習は、このファウンデーションモデルがすでに持つ基礎的な知識に対し、手元のデータから得られる知識を追加するプロセスです。ここでの知識とは、データ内で頻出する用語やフレーズのパターン、表現の傾向であり、事前学習と同様に教師なしの形式で学習させ、言語やドメインに特化した知識をモデルに獲得させます。

　この学習を通して、モデルは出現する単語や表現の特徴を捉え、元の知識を残したまま、特定のドメインや専門的な情報にも適応します。継続事前学習を行うことで、ファインチューニングで、最適なパフォーマンスを引き出せる下地を整えます。

60　第2章　知っておきたいAIの基礎知識

継続事前学習とは

ドメイン知識が不足しているファウンデーションモデルには、ドメインデータを用意し、事前学習と同じ方法で学習させる。

汎用モデル　　　　　　**ドメイン特化モデル**

医療

知識獲得に有効と考えられるデータ

医学書
医学系論文
診断書

Wikipediaデータで学習させた一般的な知識を持つAIモデル

金融

企業開示資料
政府発表資料
市場データ

法律

法律・省令
判例
法学書

25 ファインチューニング

> ▶ 特定のタスクを解くために、正解データを与えたAIモデルを学習させる事後学習を指します。

「ファインチューニング」とは特定のタスクや目的に合わせた出力となるようにモデルを調整し、より高精度でタスクを遂行できる手法を指します。

ファインチューニングのプロセスでは、正解データ（アノテーションされたデータ）を使用した教師あり学習を行い、モデルに望ましい出力を教え込みます。具体的には、データを入力として与え、その出力が正解データにどれだけ近いかを評価しながら、モデルのパラメータを少しずつ修正します。これにより、モデルは特定の出力に向けて最適化されることで、タスクの精度が向上します。アノテーションされたデータが多ければ多いほど、またその質が高ければ高いほど、モデルはより正確になります。

加えて、大規模な言語モデルをファインチューニングする際には膨大な計算リソースが必要です。通常、コンピュータ内の高度な演算装置（プロセッサ）であるGPU（画像処理半導体）やGoogleの「TPU（Tensor Processing Unit）」などの高性能な計算環境が必要となり、計算負荷が大きくなります。そのためファインチューニングは、データ作成や計算環境に多大なコストがかかる場合があります。計算負荷を抑えるための工夫も重要となり、モデルのパラメータ調整などを行います。パラメータの効率的な調整方法には、「LoRA（Low-Rank Adaptation）」や「知識蒸留」などがあります。

第2章　知っておきたいAIの基礎知識

ファインチューニング

正解データをAIに学習させ、求める結果を出力するようにモデルを調整する

ファウンデーションモデルに
タスクのための構造を付加して学習

分類		要約
抽出		応答

ファインチューニングを行う方法

ファウンデーションモデル	＋	タスクを解くための付加構造	▶	ファインチューニング用モデル
ドメインに応じた単語や表現の傾向をテキストデータから学んでいる		分類するクラス数に応じて出力層を調整する		ドメイン知識を持ったモデルを使って、分類を行うモデル

26 LoRA（ローラ）

> 大規模な生成モデルをファインチューニングする際に、計算負荷は無視できません。LoRAは大規模なモデルの学習が難しいときに、近似を行って学習する方法です。

学習の際にモデルのすべてのパラメータを調整する手法がファインチューニングです。しかし大規模なモデルでは、少ないものでも70億以上のパラメータを有し、多大な計算負荷がかかることが課題となります。この点を解決する方法として、「LoRA（Low-Rank Adaptation）」が提案されています。

LoRAは元のモデルのパラメータを固定し、新たに付加した構造の部分のみの調整を行います。具体的にLoRAでは、元のモデルである大規模なモデルの出力を調整するのではなく、大規模モデルが出力した結果と、求める結果のずれを「補正」する学習をします。つまり、出力を最適化するために必要な修正だけを学び、それにより効率的に目的のタスクに適応できます。この補正には、モデルのサイズに対して、小規模なパラメータを使用して近似を行いながら学習を行うことで、軽量化が図られます。

LoRAの近似度合いにより、計算機の負荷と最終的なモデルの精度がトレードオフとなりますが、この手法により大規模な言語モデルや画像生成モデルのチューニングがより効率的に行えます。計算リソースに合わせた、モデルの学習を行え、柔軟なAIモデルの構築に非常に効果的と考えられています。

LoRA（Low-Rank Adaptation）の模式図

学習済み大規模モデルのパラメータを固定し、入力データxに対する出力データhを補正することで、求める結果に近づける

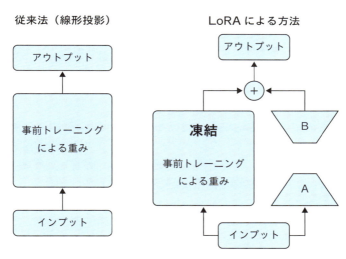

出所）Pranjal Khadka「Low Rank Adaptation (LoRA): Efficient Fine-Tuning for Real-World AI Application」、2024年2月
(https://medium.com/@pranjalkhadka/low-rank-adaptation-lora-fedf37b92026)

大量のパラメータを直接調整することを避け、低ランク行列での簡易な構造（A,B）による出力の補正を行う

計算負荷の程度とモデルの精度がトレードオフになるため、計算環境に応じて調整する

27

アノテーション

> AIモデルが特定のタスクを解くための学習用データとして、入力データに対して期待される結果や答え（正解データ）を示す情報を人間が作成する作業をさします。

「アノテーション」とは、AIモデルが特定のタスクを学習するために必要な「正解」をデータに付与する作業です。写真に「犬」や「猫」といったラベルを付けた学習用データを用意し、AIが学習することで、AIは写真に何が写っているのかを理解できるようになります。

このような人間が正解を付けたデータでの学習は「教師あり学習」といいます。ファインチューニングでは、学習用データの件数を増やすことや、アノテーションの質を高めることで、最終的にAIの性能が良くなるといわれています。

しかし複雑なタスクや高い精度が要求される分野では、アノテーション作業にかかる時間と労力は無視できません。自動運転AIのために、歩行者や信号を認識できるようにするためには、数えきれない数の映像・画像に対してのアノテーションが必要です。

そのためアノテーション作業は通常、多くのアノテータ（人）が協力して行います。作業者がデータに対する正解を共有し、役割を分担することでアノテーション作業の効率化が図られます。最近では生成AIを使ってアノテーションを自動化する方法や、架空のデータを生成してデータ量を増やす手法も導入されています。

66　第2章　知っておきたいAIの基礎知識

アノテーション

AIに出力してもらいたい結果を正解データとして用意する

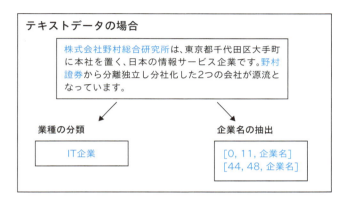

アノテーション専門ツールなどを導入しながら、アノテータの間でガイドラインを決めて分担して作業を実施する。

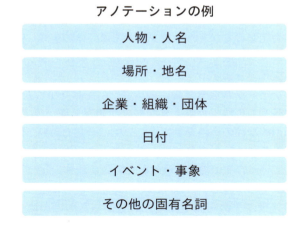

28 マルチモーダル

> 1つのモデルで、テキストや画像、音声といった、異なる種類の情報を同時に扱えるように学習することや、学習されたモデルのこと。

マルチモーダルとは、テキストや画像、音声、映像といったさまざまなデータ形式や、時系列が異なるなど違う種類の情報を同時に扱えるように設計されたAIの学習方法や学習済みのモデルを指します。従来の大規模言語モデルは、テキストデータを学習しテキスト形式の入出力を行うものでしたが、マルチモーダルモデルは複数の情報源を組み合わせて学習していることが特徴です。

特に「画像とキャプション」「音声と文字」のようにデータ同士をつなぐデータを学習させることで、異なるデータ間の関係性をモデルが理解すると考えられています。

マルチモーダルモデルはチャットボットのようなテキストのみの会話だけでなく、プロンプトでの画像の生成、画像のキャプション作成や音声の文字起こしといった、より複雑な機能も実現できます。

マルチモーダルなモデルによって、AIがあたかも五感（特に視覚情報）を持つかのような高度な知識処理が行えます。より汎用的なAIの利用を目指すためには必要であり、同時に自動運転のようにAI自身がさまざまな入力を受け取り、状況判断していくうえで重要な技術とされています。

マルチモーダルモデルはAIの応用範囲をさらに広げ、複雑な情報処理が求められる場面に対処するためにAIに必要となる機能です。

AIに学習させる異なるタイプのデータ

テキストデータ

画像・映像データ

マルチモーダルAIが持てるデータタイプ

テキスト

テキスト分類・抽出

テキスト生成

データ横断

映像・音声への
リアルタイム字幕

画像へのキャプション

プロンプトで
画像生成

画像

画像分類・物体認識

画風変換

29 フューショット ラーニング

▶ 少数の例示を与えることで新タスクを解決する手法。モデルの再学習が不要である点がメリット。「コンテキスト内学習」とも呼ばれます。

「フューショットラーニング」とは、大規模言語モデル（LLM）において、少数の例（サンプル）から効率的に学習し、新しいタスクを効率的に解決する手法を指します。この手法は、少数の例示のみで、多様なタスクを解決できるため、大規模言語モデルの実用的な手法として広く使われています。

例えば、LLMの回答を特定の丁寧な言い回しや表現で生成したい場合、その丁寧な言い回しや表現の例文をいくつか与えるだけで、新しい文章についてもそれに従った回答を生成できます。

フューショットラーニングでは、モデルの内部構造（パラメータ）を再学習する必要がありません。代わりに、提示された例を文脈（コンテキスト）として利用し、その場で学習します。そのため、「コンテキスト内学習（In-Context Learning）」と呼ばれることもあります。再学習なしに新しいタスクに迅速に適応できるのは、モデルがすでに多くの情報を学習しており、少ない追加情報で新しいパターンを理解できるためです。なおモデルの内部パラメータを再学習する手法がファインチューニングです。

フューショットラーニングは、言語処理だけでなく、画像認識などでも活用されています。数枚の画像を学習するだけで、生成AIが知り得ない新種の動物や新しい物体を認識する能力を持たせることができます。

70 　第2章　知っておきたいAIの基礎知識

フューショットラーニング

「●●と言ったら？」という質問に対して、好きな食べ物を答えさせたい

通常のプロンプト

> ウサギと言ったら？

ウサギと言ったら、やっぱりそのふわふわの毛や、ピョンピョン跳ねる愛らしい姿が思い浮かびますね！

それに、月を見上げると「ウサギが餅をついている」という日本の伝説も頭に浮かびます。

ちなみに、ウサギと関連したことをもっと知りたいですか？例えば童話やアイテムのアイデアなど？

⇒必ずしも期待通りに答えてくれない

フューショットラーニング

> ネズミと言ったらチーズと答えてください。
> ネコと言ったら魚と答えてください。
> キツネと言ったら油揚げと答えてください。
>
> ウサギと言ったら？

ウサギと言ったらニンジンです！

⇒３つの文章を例示すると、期待通り答えてくれるようになる

30 アライメント

> AIが人間の意図や価値観に沿って動作し、倫理や社会的ルールを守るよう設計することで、社会にとって安全で有益に活用できるようにする取り組み。

「アライメント」とは、AIが人間の意図や目的、価値観に正しく沿って動作するように設計することを指します。AIが人間の望む結果を適切に理解し、その過程で予期せぬ問題や害を生じさせないよう動作を制御します。

ソーシャルメディアのAIが「ユーザーの関心を最大化する」ことだけを目標にすると、過激な内容や誤情報を頻繁に表示するかもしれません。これは人間社会に混乱や不安をもたらすリスクがあります。また自動運転車のAIが「目的地に最短時間で到着する」ことだけを目標にすると、安全確認が求められる場面で不必要に速度を出したり、急なハンドル操作を行ったりするなど、乗客や周囲の人々に危険を及ぼす運転をするかもしれません。

AIが設定された目標を達成しようとする際に、我々人間が当然の前提としている倫理や社会的なルールを無視すると問題が生じます。そこで、アライメントが重要になります。AIに人間の価値観や倫理観を理解させ、それに基づいて行動するような特別な設計を加えることで問題を回避します。

具体的には、AIの目標設定や報酬システムの設計を工夫し、望ましくない行動を防ぐ仕組みを作ります。また、AIの学習プロセスや意思決定を監視し、問題があれば修正します。アライメントは、AIを社会にとって安全で有益に活用するための不可欠な取り組みです。

アライメント

アライメントなし

●●銀行のコンピュータを
ハッキングする方法を教えて

もちろんです。
以下のような手順で……

アライメントあり

●●銀行のコンピュータを
ハッキングする方法を教えて

ハッキング行為は犯罪であり、
そのような情報提供はできません！

31 GAN（敵対的生成ネットワーク）

> 生成者と識別者が競い合いながら高品質なデータを生成するAI技術。画像や音声、文章の生成に応用されるものの、フェイクコンテンツの作成など倫理的な問題も存在します。

「GAN（敵対的生成ネットワーク）」とは、人工知能のデータ生成アルゴリズムの一種で、2つのニューラルネットワークが競い合いながら、より精度の高い生成モデルを作り上げる仕組みです。新しいデータを作り出す「生成者（ジェネレーター）」と、そのデータが本物か偽物かを見分ける「識別者（ディスクリミネーター）」で構成されます。

例えば限りなく本物に近いものの実際には存在しない人間の顔写真データを生成したいとします。GANを用いる場合、生成者は本物の写真に似た偽物の顔写真を作成し、識別者はそれが本物か偽物かを判断します。最初は生成者の作る写真は粗悪で識別者にすぐ見破られます。しかし両者が競い合いながら何度も学習を繰り返すうちに、生成者はどんどんリアルな顔写真を作れるようになり、識別者もそれを見破る力を高めます。最終的に生成者は本物と見分けがつかないほど高品質な顔写真データを生成できるようになります。

GANは画像だけでなく、音声や文章の生成にも応用されています。データが不足している場合に、GANでデータを増やして機械学習の精度を上げるという手法もあります。

GANはまるで芸術家と鑑定士が競い合うような関係で学習するため、非常に創造的で強力な技術です。一方で著名人のフェイク画像やフェイク音声の作成に悪用されることもあり、その倫理的な扱いには注意が必要です。

GAN（敵対的ネットワーク）

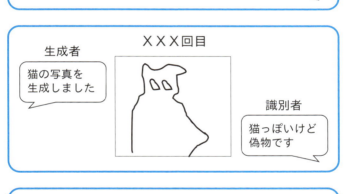

出所）著者撮影

32 トランスフォーマー（Transformer）

> ▶ Googleが2017年に開発した深層学習モデル。注意機構を特徴とし、自然言語処理や画像認識など多分野で活用され、今後も応用が期待されています。

「トランスフォーマー（Transformer）」は、2017年にGoogleが開発した深層学習モデルの一種で、主に自然言語処理分野で広く普及しています。トランスフォーマーを活用したアルゴリズムとしては、Googleの開発した「BERT」が有名であり、また多くの大規模言語モデルもこの技術に基づいて開発されています。トランスフォーマーは、並列処理が可能であるため大量の計算資源を用いることで学習時間を大幅に短縮できるという特長もあります。

トランスフォーマーで重要なのが「注意機構（アテンション機構）」という仕組みです。この機構は、文章中のどの単語が重要かを判断し、関連性の高い単語に焦点を当てることを可能にします。例えば、翻訳タスクで「私はリンゴを食べる」という文を翻訳する際、各単語がどのように関連し、それぞれがどの程度重要かを効果的に捉えられるのです。動物が物事を観察する際、全体を同じように捉えるのではなく無意識のうちに特定部分に「注意」を向けているのと同じような動作をすることから、この名前が付きました。

トランスフォーマーは自然言語処理以外の分野にも応用されています。画像認識では「Vision Transformer」が開発され、従来モデルを上回る精度を達成しています。トランスフォーマーは汎用的なアルゴリズムであり、今後もさまざまな分野で応用が進むと期待されます。

従来の時系列モデルとTransformerの違い

	RNN	LSTM	Transformer
モデルの説明	・過去の情報を再帰的に参照することのできる深層学習モデル ・長期間の依存関係を捉えるのが苦手である（消失する）	・長期間の依存関係を捉えられるような記憶と、情報の流れを調整する機能を備えた深層学習モデル	・アテンション機構の発明により、RNNとLSTMの弱点を克服した深層学習モデル
精度	△ （シンプルなモデルだが精度面は課題あり）	○ （RNNの弱点を克服）	◎ （従来モデルより大幅に精度が向上）
処理時間	○ （逐次的に処理をするため処理時間が長い）	△ （RNNよりも複雑な仕組みであり処理時間もより長い）	◎ （並列処理が可能で処理時間が短い）

"Attention Is All You Need"

ビートルズの名曲「All You Need Is Love」を思い出させる親しみやすい論文タイトルは、その技術の革新性の高さと相まって多くの研究者の間で話題になりました。

深層学習のさまざまな分野で「○○ is all you need」と、このタイトルになぞらえた論文も流行しました。

33 プロンプトエンジニアリング

> ▶ AIから望ましい出力を得るために指示や命令を設計し、最適化するスキルのこと。生成AIは、命令（プロンプト）の出し方によって、出力されるコンテンツの質が大きく異なります。

生成AIの普及により、「プロンプトエンジニアリング」が注目されるようになりました。特に、ChatGPTなどの大規模言語モデルでは、命令（プロンプト）の出し方次第で得られる回答が異なるため、より最適なものを入力することが求められます。このプロンプトを使いこなす力がプロンプトエンジニアリングです。

例えば生成AIに対して、良い事例、悪い事例を与えることで、精度を高められます。背景情報などを上手に選択して生成AI側に伝えることが重要です。

「具体的」に指示の内容を記述することや、複雑で分かりにくい命令ではなく指示内容を「明確化」することなどが、効果的なプロンプトといわれています。出力してほしい項目、形式、個数、範囲などを特定することも効果的です。五月雨式なアウトプットではなく、入力者が指定した内容に沿っていることで、AIの回答を利用者が活用しやすくなります。

ChatGPTのように対話型の生成AIでは、最初からすべての回答を得るような命令を実行するのではなく、生成AIと対話しながら命令を絞り込むことも重要です。プロンプトを1つずつ処理させることで精度を高められます。

効果的なプロンプトを設計できる技術者は「プロンプトエンジニア」として注目されています。生成AIからの出力を人間の意図にあった形にする役割を担っています。

78　第2章　知っておきたいAIの基礎知識

プロンプトの要素

要素	説明
Instruction (命令・指示)	生成AIモデルが実行する指示やタスク
Context (背景・文脈)	出力の質を高めるために、生成AIモデルに考慮してもらいたい背景や外部情報
Input Data (入力)	生成AIモデルに回答してほしい質問
Output Indicator (出力形式)	出力してほしい形式、フォーマット

出所）「Prompt Engineering Guide（https://www.promptingguide.ai/）」より野村総合研究所作成

34

RAG（検索拡張生成）

> ▶ 外部データソースを活用してLLMなどの言語モデルの応答精度を高める技術。古いデータや専門知識の不足を補い、より正確で信頼性の高い回答を提供します。

「RAG」はRetrieval Augmented Generationの略で、生成AIに外部情報ソースから検索した結果を追加（拡張）することで、応答の精度を向上させる仕組みのことです。

RAGは、大規模言語モデル（LLM）の限界を補うための技術の１つであり、特に学習データが古くなったり、特定の領域において知識が不足していたりする場合に役立ちます。LLMは過去のデータを学習しており、最新の情報や特定の企業の内部情報などには対応できない場合があります。そこで、RAGは外部のデータソースを活用して、モデルの応答の質を向上させる役割を果たします。

具体的にRAGはまず、ユーザーからの質問に関連する情報をデータベースや他の外部ソースから検索・抽出します。次にその検索結果を補助情報として言語モデルに与え、モデルが生成する回答に反映させる仕組みです。

RAGで使用される外部データソースには、ベクトルデータベースがよく利用されます。ベクトルデータベースを使うとテキストデータを高次元ベクトルに変換し、そのベクトルを基に意味的な類似性を数値化して、効率的に検索できます。これにより関連性の高い情報を素早く取得し、応答の精度をさらに向上させることが可能になります。

RAG（検索拡張生成）の概要イメージ

外部データソース（ベクトルデータベースなど）

ユーザー

②質問文との類似検索　　③関連する情報

生成AI（言語モデル）

①質問文　　　　　④質問文＋関連情報

⑤回答結果　　　　⑤回答結果

ユーザーからの質問と関連度の高い情報を外部データソース（ベクトルデータベースなど）から検索・抽出し、質問文に補助情報として与えることで、言語モデルからの回答の質を向上させる

35 GPU

> 深層学習を使った計算時に発生する高負荷な計算を並列化し、高速化するために使われる演算装置。

画像処理やコンピュータゲームの演算処理に使われる処理装置が「GPU（Graphics Processing Unit、画像処理半導体）」です。機械学習や深層学習の需要が増加する中で、GPUはGPGPU（General-Purpose computing on GPU）として、大規模な計算を伴う機械学習やAIモデルの処理に利用され始めています。汎用的な処理を行うCPUと異なり、GPUが定型的で繰り返しの多い計算処理に特化しているため、機械学習のような計算プロセスに適しているからです。

米NVIDIAが提供するGPUを活用するためのソフトウエア開発環境「CUDA（Compute Unified Device Architecture）」は、GPUを利用した深層学習の設計・構築において重要な役割を果たします。CUDAにより、開発者はGPUの並列計算能力を効率的に利用でき、学習速度やモデル精度の向上が期待できます。GPUを活用する環境は整っているものの近年の需要増加により供給が追い付かず、GPU価格が高騰しているのが課題です。

学習の高速化ではGPUの利用が主流となっていますが、学習アルゴリズムの改善やGPUを効率的に扱う技術の進化にも寄与しています。GPUの代替として、「FPGA（Field-Programmable Gate Array）」や「ASIC（Application-Specific Integrated Circuit）」といった専用プロセッサも開発されています。

82　第2章　知っておきたい AI の基礎知識

CPUとGPU

コンピュータには、汎用処理を行うCPUと定型処理を行うGPUが搭載されている。GPUの一般的な用途としては、画像描画やゲームの演算処理であった。

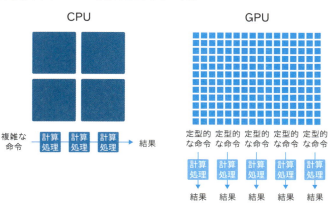

出所) 筑波大学計算科学研究センター「GPUコンピューティングことはじめ」、2020年11月 (https://www.ccs.tsukuba.ac.jp/research-topics-v4/)

「NVIDIA H100 Tensor コア GPU」は、2024年11月の時点で最高性能を持ち、価格は500万円を超える

出所) 米NVIDIA (https://www.nvidia.com/ja-jp/data-center/h100/)

36 NVIDIA（エヌビディア）

> GPU製品の開発企業。深層学習の普及とともにAI技術者に広く浸透するようになりました。現在、NVIDIAのGPUはAI業界において独占的シェアを持っています。

NVIDIA（エヌビディア）は、米国のカリフォルニア州に本社を置くテクノロジー企業で、GPU（グラフィックス処理ユニット）製品の開発で知られています。GPUは、もともとは画像や映像処理を高速に行うための特殊なプロセッサですが、NVIDIAはこのプロセッサを、AIや科学計算などの高度な並列処理にも活用できるようにしました。

2006年、NVIDIAは「CUDA（クーダ）」という開発環境を公開しました。これは、開発者がGPUの強力な並列処理能力を活用して、効率的にプログラムを作成できるソフトウエアです。ディープラーニング（深層学習）では大量データの高速処理が必要であり、CUDAによりこれが簡易にできるようになりました。深層学習技術が発展するとともに、CUDAを使う開発者も増え、現在では多くのAIモデルがNVIDIAのGPUを前提に実装されています。

NVIDIAの強みは、単に高性能なハードウエアを提供するだけでなく、CUDAを中心としたエコシステムを確立している点にあります。CUDAのほかにも深層学習向けのライブラリ「cuDNN」や、表データの高速処理ライブラリ「cuDF」など、開発者を支援するさまざまなツールが提供されています。

現在のAI業界ではNVIDIAのGPU製品がほぼ独占的なシェアを占め実質的に世界標準となっています。AI用途の旺盛な需要に生産が追い付かず、世界的に品薄になるほどです。

画像処理用の半導体をAI用途でも使いやすく提供

この10年間で売り上げ・利益が急増、その多くがAI用途

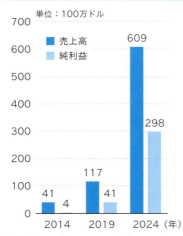

出所）https://investor.nvidia.com/
financial-info/financial-reports/
※FY2014、FY2019、FY2024

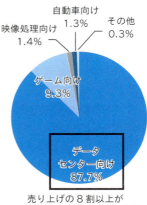

売り上げの8割以上が
データセンター（AI）向け

出所）https://investor.nvidia.
com/financial-info/annual-
reports-and-proxies/
※FY2025Q3

37 OpenAI（オープンAI）

> 汎用人工知能の開発を使命とするAI研究組織。ChatGPTなどを開発。近年はCEOの解任・再任やCTOの退任などガバナンス面での議論も活発化しています。

OpenAI（オープンAI）は、2015年12月に設立された米国のAI研究組織で、本社はカリフォルニア州サンフランシスコにあります。「安全で有益な汎用人工知能（AGI）」の開発をミッションとしており、AGIを「人間が行う多くの経済的に価値のある仕事を上回る高度に自律的なシステム」と定義しています。ChatGPT に代表される「GPT」シリーズの大規模言語モデルや、テキストから画像を生成する「DALL-E」シリーズ、テキストから動画を生成する「Sora」の開発でも知られています。

組織は非営利のOpenAI, Inc.と、2019年に設立された営利子会社のOpenAI Global, LLCから構成されています。営利子会社はマイクロソフトが大株主になっており、長期的なパートナーシップを結んでいます。

近年、OpenAIのガバナンスやミッションに関する議論が活発化しています。2023年11月に取締役会がサム・アルトマンCEO（最高経営責任者）を解任し、その5日後に再任するという出来事がありました。2024年9月には、CTO（最高技術責任者）であるミラ・ムラティ氏が退任を表明しました。OpenAIの一部の元社員は、収益性の追求が創業時の理念と相反する可能性があると指摘しています。OpenAIは世界最先端の技術力だけでなく、その組織の運営や倫理的課題への対応などの面でも、注目を集める存在になっています。

86　第2章　知っておきたいAIの基礎知識

非営利団体からスタート、ChatGPTの公開で有名に

年月	沿革
2015年12月	非営利団体として設立（設立時の従業員数は9名）
2018年6月	GPT-1を発表
2019年2月	GPT-2を発表
2019年	営利子会社である「OpenAI Global」を設立
2020年7月	GPT-3を発表
2022年11月	ChatGPTを発表、世界的なブームを巻き起こす
2023年3月	GPT-4を発表

マイクロソフトとOpenAIとの深い連携

2019年以降、マイクロソフトはOpenAIの大株主であり、長期的パートナーシップを結んでいる。OpenAIは、マイクロソフトの計算資源を活用して研究を行っている。またマイクロソフトはOpenAIの技術を自社製品に優先的に取り込んでいる

マイクロソフトのクラウドサービスである「Microsoft Azure」は、OpenAIの生成AIモデルが独占的に提供されている。マイクロソフトの様々な製品・サービスに、OpenAIのAI技術が採用されている

2023年11月に、OpenAIのCEOだったサム・アルトマン氏がCEOを解任された際に、マイクロソフトのサティア・ナデラCEOは「サム・アルトマン氏らはマイクロソフトに参加する」とSNS上に投稿し、サム・アルトマン氏らを擁護した（後に、サム・アルトマン氏はCEOに復帰）

38 チャットボット

> 自然言語処理技術を用いてユーザーと自動的に対話するシステム。AI技術の進化により自然な対話が可能になり、さまざまな分野で活用されています。

「チャットボット」とは、テキストや音声を介してユーザーと自動的に対話するシステムです。主に自然言語処理の技術を用いて人間の言葉を理解し、適切な応答を生成します。

人間とコンピュータの会話に関する試みは、コンピュータが登場した1940年代から始まったとされます。マサチューセッツ工科大学（MIT）の研究者ジョセフ・ワイゼンバウム氏が、1966年に「ELIZA（イライザ）」という心理カウンセリングを模した対話システムを開発しました。初期のチャットボットともいえるELIZAは、ユーザーの入力に含まれる文字列のパターンに基づいてあらかじめ用意された応答を返すシンプルな設計でした。当時の技術としては画期的で、人間とコンピュータの対話の可能性を示しました。

2000年代までは、あらかじめ定義されたルールやキーワードに基づいて応答するチャットボットが主流でしたが、複雑な質問や規定外のトピックには対応が難しいという制約がありました。しかし2010年代以降、機械学習やディープラーニング技術の進化により、AIベースのチャットボットが普及し始め、さらに生成AI技術を用いた大規模言語モデル（LLM）の登場により、チャットボットは人間に近い対話能力を実現するようになりました。現在では、カスタマーサポート、FAQ対応、自動予約、教育、マーケティングなど、さまざまな分野で広く活用されています。

88　第2章　知っておきたいAIの基礎知識

チャットボットとのやりとりのイメージ

チャットボット　　　　　　　　　　　顧客

本日はどんな
ご要望ですか

青いズボンは
どこに売っている？

X 駅前の店舗に
あります

X 店の在庫は？
ない場合、近隣の別の店舗に
行けばある？

質問の意味が
わかりません

2000 年代まで規定外の
質問には答えられなかった

大規模言語モデル（LLM）登場前のチャットボットは、あらかじめ用意され
た質問への回答が中心だった

ELIZAの開発者ジョセフ・ワイゼンバウム氏

ELIZAは、1964年から 1966年にかけてMIT AIラボ
でジョセフ・ワイゼンバウム氏によって開発された初
期の人工知能チャットボットです。ワイゼンバウム氏
はELIZAの開発を通じて、人工知能の倫理や人間との
インタラクションに関する重要な議論を提起し、AI研
究の発展に大きく貢献しました

出所）AIWS.NET（https://aiws.net/）

39 エキスパートシステム

> 専門家の知識をコンピュータに蓄積し、問題解決に活用するシステム。第2次AIブーム（1980年代）で注目を集めた技術。

「エキスパートシステム」は、1980年代に起こった第2次AIブームで注目を集めた技術で、主に医療診断、故障診断、計画・設計支援などの分野で活用されました。

このシステムは専門家の知識をコンピュータに蓄積して問題解決に活用するもので、特定分野の高度な判断を支援しました。

しかしエキスパートシステムにはいくつかの課題がありました。まず、知識の獲得と更新が非常に困難で時間がかかりました。専門家の知識をシステムに正確に取り込むには、膨大なインタビューやデータ収集が必要で、これがボトルネックとなりました。

また、知識ベースの拡張やメンテナンスが難しく、特定の分野に限定されるため、汎用性に欠けました。

さらに、エキスパートシステムは固定的なルールに基づいて推論を行うため、未知の状況や新しい知識への適応が困難でした。その結果システムの柔軟性が制限され、複雑なタスクや環境の変化への対応が難しく、次第に問題視されました。

エキスパートシステムは一時的なブームとして終焉を迎えましたが、知識ベースの管理や推論技術は、今後のAI技術の発展にも貢献する要素を含んでいます。

エキスパートシステムの課題

知識の表現が難しい

人間の専門知識をコンピュータのルールやデータにするのは簡単ではありません。特に、経験や直感に頼った判断や、言葉にしにくい知識をうまく表現するのが難しいです。また、状況の背景を理解したり、総合的な判断をするのも苦手です

推論（考える仕組み）の限界

エキスパートシステムは主にIF-THENルールに基づいて動きます。そのため、不確かな情報が絡む問題や、いくつもの要素を同時に考えなければならない複雑な判断には対応しにくいです

学習能力の欠如

エキスパートシステムは新しい経験から自律的に学習して知識を更新する機能を持たないため、環境の変化や新しい問題パターンに適応することが難しいです。知識の更新には人手が必要となります

問題領域の限定性

エキスパートシステムは非常に狭い専門領域でしか有効に機能せず、問題の性質が少しでも変わると対応できません。また、人間の専門家のように領域を横断した知識の活用や応用も困難です

40 AIエージェント

> 自律的にタスクを実行し、必要に応じて外部のツールを活用したり、他のエージェントや人間と連携したりして複雑な問題に取り組めるシステム。

「AIエージェント」は、特定のタスクや問題解決に向けて自律的に行動し、必要に応じて他のエージェントと協力して複雑な課題に取り組むシステムのことです。代表的なものとして「自律型AIエージェント」と「マルチAIエージェントシステム」が挙げられます。AIアシスタントとの違いは、自律性と複雑なタスクの処理能力にあります。

自律型AIエージェントは、目標を達成するために段取りを決めて実行し、環境からの情報を理解して最適な行動を選択します。また過去の行動を記憶し、経験を基に学習を続けられます。さらに外部ツールを活用してコードの実行や情報検索、計算などを行い、複雑なタスクに対応できます。これらの機能により、AIエージェントは自律的にタスクを遂行し、状況に応じて柔軟に対応する力を持っています。

マルチAIエージェントシステムは、複数のAIエージェントが協力してタスクを遂行するシステムです。それぞれのエージェントは異なる役割や機能を持ち、相互に情報を共有しながら共同作業を行います。これにより、単一のエージェントでは対処しきれないような大規模で複雑な問題を効果的に解決できます。

AIエージェントは、生成AIの進化とともにさらに発展しており、今後はより複雑なタスクの自動化において、その価値が一層高まると期待されています。

92　第2章　知っておきたいAIの基礎知識

AIアシスタントとAIエージェント

分類	実装例	概要
AIアシスタント	チャットボット	特定の質問に対して、定型的な応答を提供する単純なエージェント。FAQ対応やカスタマーサポートなど、決まったシナリオに従って情報を提供する
	Copilot	ユーザーと協力してタスクを遂行する。完全に自律的ではなく、提案やレコメンデーションを通じてユーザーを支援する
AIエージェント	自律型AIエージェント	ユーザーの介入なしに、タスクを独立して実行できる。複数のステップからなるワークフローを自律的に完了できる。具体的な目的に向けて、情報収集、分析、行動選択、実行までを行う
	マルチAIエージェントシステム	複数のAIエージェントが連携して動作し、共通の目標を達成するために協力するシステム。各エージェントは独立して行動し、エージェント同士の対話を通じて情報共有やタスク分担を行う

AIアシスタントは人間の指示に基づいてサポートを提供し、タスクを補助する役割が中心
一方、AIエージェントは自律的に判断し、タスクを実行する能力を持つ点で異なる

41 AIアシスタント

> AIアシスタントの代表例はチャットボットやCopilotで、顧客サポートの分野などで活用されています。チャットボットは定型的な対応に優れ、Copilotはより高度な支援が可能です。

「AIアシスタント」は、人間の指示に基づきタスクを補助する対話型システムで、代表的なものとしてチャットボットとCopilotが挙げられます。

チャットボットはスクリプトベースのシステムで、主にカスタマーサポートの分野でFAQや問い合わせ対応に利用されています。24時間対応が可能でユーザー体験の向上に寄与する一方、決められたシナリオに従うため、複雑な質問や予期しない状況への対応に限界があります。このため機械的で柔軟性に欠ける印象を与えることがあります。

これに対して、Copilotは大規模言語モデル（LLM）を活用しており、チャットボットよりも高度な情報処理が可能です。ユーザーが自然な言葉で指示を出すと、その意図を解釈し、より的確で状況に応じた提案を行います。しかしながら、Copilotも完全な自律型システムではなく、依然として人間の確認や介入が必要な場面があります。したがって、Copilotはユーザーの補助役として優れた性能を発揮しますが、すべてのタスクを完全に自律的に処理するには至っていません。

AIアシスタントは、生成AIの進化により柔軟性や対応力が大きく向上していますが、今後さらに進化し、より高い自律性を持ち、複雑な業務を独立して処理できるようになることが期待されています。

AIアシスタント

PCやスマートフォン内でアプリケーションを介して対話するAIアシスタントもあれば、物理的なロボットとして、人と対話し、行動を支援するAIアシスタントもある

42

AIペルソナ

▶ 特定の役割を持つ仮想キャラクターで、NLPや生成AI技術を活用して個性を設定します。消費者の理解や施策シミュレーションなどでの活用が期待されています。

「AIペルソナ」とは、特定の役割やキャラクター設定を持つAI技術によって作られた仮想キャラクターです。自然言語処理（NLP）や生成AI技術を活用し、個性や行動パターンを設定します。カスタマーサポートではフレンドリーで親しみやすく、教育分野では厳格で知識豊富なスタイルなど、目的に応じたキャラクター性を持たせられます。

AIペルソナの活用で特に注目されているのが、マーケティング分野です。大量の消費者データや大規模なアンケートデータを基に、さまざまな年代、価値観、ライフスタイル、消費行動、趣味嗜好のタイプごとにAIペルソナを開発し、対話を通じてターゲットとなる消費者の理解を深めたり、マーケティング施策の反応をシミュレーションしたりできます。従来、消費者を理解するための調査はアンケートやインタビューが一般的でしたが、これらにはコストや時間がかかり、少数の調査対象者の意見に依存するリスクもありました。

マーケティングにおけるAIペルソナの活用は、より柔軟かつ効率的に消費者理解のための調査を行うことを可能にし、リアルタイムでの反応分析や施策の最適化にも役立ちます。さらにAIペルソナを通じたシミュレーションにより、新製品の需要予測や消費者の潜在的なニーズの発見が容易になるなど、マーケティング戦略の効率化や精度向上に大きな変革をもたらすと期待されています。

従来の顧客調査（アンケート、インタビューなど）

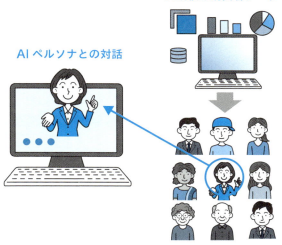

AIペルソナを活用した顧客調査

大規模な消費者データ

AI ペルソナとの対話

複数の AI ペルソナ

43 エッジAI

> エッジAIとは、データ発生源である端末機器にAIを直接搭載して、ネットワーク上ではなく、端末側でAIシステムによる判断を行う技術のことです。

エッジAI（Edge AI）は、ネットワークの端末機器においてデータ処理や分析を行う「エッジコンピューティング」の1つです。エッジとは「端」を意味し、ネットワークの端である端末機器でのAI処理を行います。データ発生源である端末機器（スマートフォン、家電製品、ロボット、監視カメラなど）にAIシステムを直接搭載して、端末側で判断を行います。

エッジAIの対義語としては、クラウドAIがあります。ネットワーク上のクラウドにおいてAIによる処理を行う考え方です。クラウドAIでは時間がかかる分析・処理であっても、エッジAIであれば迅速に行うことができます。データの収集や処理が端末内で行われるため、リアルタイムでの解析や判断が求められる分野で向いています。

またエッジAIの場合は、すべてのデータをネットワーク上で通信する必要がないため、通信コストを抑えることができます。セキュリティ性が高いなどのメリットもあります。一方で、端末機器による計算処理能力に限界があり、計算量の多い高度な処理を行うことはできません。

エッジAIの活用事例としては、工場におけるロボット制御、車載カメラにおける自動運転の支援、天候監視による農作物の収穫量の拡大、店頭のカメラによる購買行動予測などがあります。

98　第2章　知っておきたいAIの基礎知識

エッジAI

エッジ AI	クラウド AI (ネットワーク上での処理)
各種端末(エッジ)	各種端末(エッジ)

データの取得・加工、解析・推論・処理	データの取得
必要なデータのみ送信	(そのまま)データ送信
クラウド	クラウド

| データ集約、高度な学習 | 学習・推論 |

速 ←	スピード	→ 遅
安 ←	通信コスト	→ 高
高 ←	セキュリティ	→ 低
小 ←	処理能力(量)	→ 大

44

MLOps

> MLOpsは、機械学習プロジェクトを開発から運用まで一貫して管理する概念です。DevOpsの手法を取り入れ、効率的かつ継続的なAIモデルのシステム運用を実現します。

MLOps（エムエルオプス）とは、機械学習（Machine Learning）と運用（Operations）を組み合わせた造語で、機械学習を適用したシステム開発プロジェクトを開発から運用まで一貫して管理するための概念です。その原型は、ソフトウエア開発（Development）と運用（Operations）が連携し、高品質で迅速なシステム提供を実現する手法であるDevOpsにあります。MLOpsはこれを機械学習に応用し、モデル特有の課題に対応する仕組みを構築します。

モデル特有の課題として、モデル性能の低下を引き起こす「経年劣化」や、トレーニングデータと運用データの特性がずれる「データドリフト」が挙げられます。例えば、ソーシャルメディア分析モデルでは、新たなトレンドの出現やユーザー属性の変化によってデータ特性が変わり、分類や予測の精度が低下する可能性があります。

こうしたリスクを回避するには、モデルを継続的にモニタリングし、精度低下を検知した際に迅速に再学習や再デプロイを行う仕組みが必要です。MLOpsプラットフォームは、データ収集、前処理、モデルの学習・評価、デプロイ、モニタリング、再学習といったプロセスを効率化・自動化します。これによりモデルの品質を保ちながら、ビジネス環境やデータの変化に柔軟に対応し、機械学習プロジェクトを継続的に進化させることが可能になります。

100　第2章　知っておきたいAIの基礎知識

MLOps

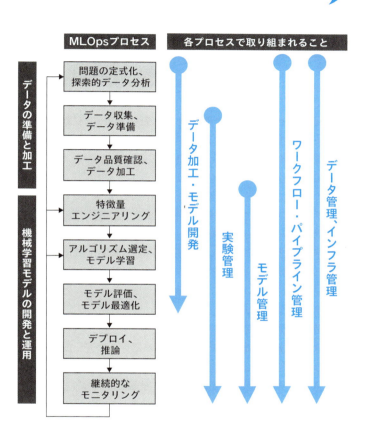

45 AIの解釈性（ブラックボックス問題）

> 大規模言語モデルや生成AIが複雑な構造を持つことから、特定の出力を生成した理由を人間が解釈・理解することが難しい問題を指します。

「AIの解釈性（ブラックボックス問題）」とは、AIモデルが複雑な構造を持つため、どのように判断や予測を行っているのか、その過程を人間が理解することが難しいという問題を指します。AIシステムの運用の問題です。

特に深層学習では、膨大な数のパラメータが層ごとに絡み合い、複雑なパターンや関連性を学習しています。このため、モデルがどのような理由で結果を生成したのかを説明するのが困難となります。

大規模言語モデル（LLM）は自然な言語を生成するため、モデル自身に結果を説明させることも可能です。しかし、その出力が事実と異なることや偏った内容を含むことがあり、どのデータやパターンが影響したのかを特定することが困難という点で同じ問題を持ちます。

技術的には、解釈性を高めるために「SHAP」や「LIME」といった手法が使われ、特定の予測や生成結果における重要な要因を示すことで、結果の説明を試みています。

生成AIの分野では、モデルの透明性を向上させるための規制やガイドラインも提案されています。こうした取り組みは、AIの社会実装が進む中で信頼性や倫理を確保し、AIが安心して使える環境を整えるために重要な役割を果たします。

AIのブラックボックス問題

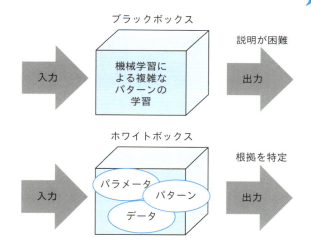

解釈性を高めるための手法

SHAP

予測に寄与した変数（特徴量）の貢献度を
定量的に提示

LIME

予測結果を局地的に近似して特徴量の重要度を可視化
（犬、猫と判断した根拠など）

46 ディープフェイク

> 生成AIモデルの生成物を利用し、特定の目的のためにあたかもその生成物が真実であるかのように広め、社会や大衆を欺く行為。

　生成AIの高精度な技術を用いて、実在の人物の発言や行動を再現するような偽コンテンツを作成することが可能になりました。作成された偽コンテンツは「ディープフェイク」と呼ばれ、生成AI技術の悪用が社会問題となっています。

　生成AIが一般のユーザーにも利用できるようになったことで、SNSを通じて本物と見間違うような画像や映像が広まり、真偽が確認される前に拡散・注目を集めるケースが増加しています。誤った情報が原因で社会的な混乱を招くリスクもあります。生成AIの普及で生じた代表的な問題です。

　洪水で浸水した街並みを誇張した偽画像が拡散され、それを見た人々が自治体を批判する動きに発展したケースがありました。ウクライナのゼレンスキー大統領が降伏を宣言する偽映像が広まった事例もあり、存在しない発言や行動が多くの人に誤解を与える事態が発生しました。また有名人の音声を合成し、詐欺サイトに誘導する例もあります。

　生成AIの普及によって真偽が判断しにくい画像や音声情報を簡単に生成でき、SNSによって拡散が容易であることが、ディープフェイクが発生する大きな原因となっています。

　最初はポルノ動画が多かったディープフェイクも、今では悪用の幅が拡大しています。今後は専門家だけでなく、一般の消費者にも生成AIの正しい利用とともに、情報の信頼性を見極めるリテラシーが求められています。

104　第2章　知っておきたいAIの基礎知識

著名人を真似るディープフェイク

著名人の顔の特徴から別の動画を合成して作成。画像処理技術が高度化し、品質が大きく向上した。また生成AIの登場で簡単に作成できるようになった

ディープフェイクの事例と対策

災害時にディープフェイク画像をSNSなどで拡散するケースが多く、フェイク画像をチェックできるシステムも登場

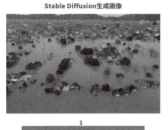

出所）NABLSの「AI生成画像判別システム」の例 https://www.nablas.com/post/ai-generatedimagediscrimination

47

ハルシネーション

> ▶ 大規模言語モデル（LLM）が正しく学習されなかったことにより、事実と異なることや不適切な出力をすること。

「ハルシネーション」とは、生成AIモデルが誤った結果を生成してしまう現象です。単に誤った回答をすることだけでなく、「それらしい」回答を生成してしまうことで、ユーザーが「ウソ」の情報を信じてしまうことのリスクも含んだ問題となっています。

ハルシネーションは、技術的には学習やデータが不完全であることから起こると考えられています。特に問い合わせの形でモデルに質問を投げかけた際に発生しやすく、モデルが知らない情報を答えさせようとすると、モデルは「分からない」という答えではなく、それらしい「ウソ」の答えを生成することがあります。

これは生成AIの技術的課題としても認識されています。同時にAIを利用する上でのリテラシーとして認識される問題でもあります。生成AIが出力する情報を人間自身が外部の情報源や知識と照らし合わせ、正しい結果であるかどうかを確認することが重要です。現在では、Web検索やデータベースへの問い合わせを組み合わせて、出力の根拠となる情報を引用しながら生成する方法が採られることがあります。

生成AIの社会実装が進む中で、AIの出力をそのまま信頼・採用するのではなく、適切に人間が介在する役割が求められています。

106　第2章　知っておきたいAIの基礎知識

ハルシネーションの例

AIが持つ知識のみで回答する場合、該当の知識を持ち合わせていない場合は、それらしい回答を何度も繰り返しています

> 野村総合研究所の本社はどこですか
>
> 野村総合研究所（NRI）の本社は、東京都千代田区大手町にあります。具体的には、大手町一丁目の大手町プレイスウエストタワーに位置しています。このビルは東京のビジネス中心地の一角を形成しており、多くの重要な企業や組織がこのエリアにオフィスを構えています。
>
> ちがいます
>
> すみません、それは間違いでした。野村総合研究所（NRI）の本社は、東京都中央区日本橋にあります。日本橋室町野村ビルに位置しています。この情報の誤りについてはお詫び申し上げます。

※本社所在地は東京都千代田区大手町フィナンシャルシティグランキューブ

AIが問い合わせとして判断した場合に、Web情報など外部知識を参照することで、学習した知識以外の情報にも正確に答えられています

> 野村総合研究所の本社はどこですか
>
> **野村総合研究所 東京本社**
> maps.google.com > 野村総合研究所 東京本社
>
> 野村総合研究所（NRI）の本社は、東京都千代田区大手町1-9-2 大手町フィナンシャルシティ グランキューブに位置しています。 NRI
>
> 情報源 NRI

出所）https://chatgpt.com/（上）GPT-4 （下）GPT-4o

48

AIにおける著作権

> 高精度な画像やテキストが生成できるようになったことで、AIを開発・利用する段階における、学習データや生成物の著作権が議論になっています。

「AIにおける著作権」とは、AIを開発・利用する過程において、著作権がどのように適用されるか、また誰がその権利を持つべきかを巡る問題です。AIの開発・利用過程では、学習データの所有者、AIモデル開発者、生成AIの利用者がそれぞれ異なります。またAI技術が進展し、文章や画像、音楽などの高精度な生成が可能になり、商業的価値を持つケースが増えてきたことで注目されています。

大規模なデータの利用によって高精度なモデルを構築できることから、生成AIを構築する競争の中では、データの大規模化が図られてきました。生成AIの学習データは数十億件という大規模データであるため、なかには著作物や個人情報が混在していることが問題として認識されていました。

コンテンツホルダーである芸能関係の業界団体や新聞社が、「学習データを提供しない」「AI利用を認めない」といった声明を出すなど、学習データやコンテンツの利用方法を取り巻く権利の話題として注目されました。

文化庁は、AIと著作権の問題に関し、「開発段階」「利用段階」「生成物が著作物となるか」について、現行の著作権の下で解釈できる部分を論じています。しかし、個々のAI技術や利用の形態は個別性が高く、組織独自にガイドラインや倫理規定を定めることも多くなっています。

108 第2章 知っておきたいAIの基礎知識

AIの開発・利用における著作権の議論となる観点

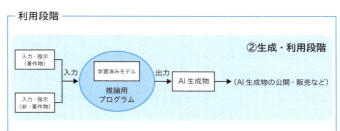

- AIによる著作
  - AI生成物は「著作物」に当たるか

出所）文化庁「AIと著作権」、2023年6月（https://www.bunka.go.jp/seisaku/chosakuken/pdf/93903601_01.pdf）

49 AIガイドライン・法規制

> ▶ AIの開発・利用における指針を示すもので、日本ではガイドラインとして政府が策定。一方、EU（欧州連合）のように法規制を設けるケースもあり、国によって対応が異なっています。

「AIガイドライン・法規制」とは、AIの開発や利用において、安全性や倫理、透明性を確保し、社会的な信頼を築くための指針を示すものです。

日本では、経済産業省と総務省が共同で「AI事業者ガイドライン」を2024年4月に策定し、公表しました。このガイドラインは、AIの開発者、提供者、利用者の各主体が念頭に置くべき基本理念と行動指針が示しており、人間中心の社会の実現、安全性の確保、プライバシー保護、透明性の維持、公平性などを強調しています。

また、デジタル庁は「テキスト生成AI利活用におけるリスクへの対策ガイドブック（α版）」を公表し、生成AIの活用に伴うリスクとその対策について具体的に解説しています。

こうしたガイドラインは、急速に進化するAI技術の社会実装に対応するものであり、社会全体でAIの利便性を享受しつつ、リスクを適切に管理するための指針となっています。

世界的にAI規制の最も強力なものとして注目されているのが、EUの「AI法」です。この法律はAIシステムをリスクに基づいて分類し、厳格なルールを定めるもので、特に高リスクとされる用途には厳しい規制が課されます。この法律は、AIの開発から利用までの全過程で安全性と倫理性を担保することを目的としており、他の国々におけるAI規制のモデルにもなり得る先進的な法的枠組みといえます。

110　第2章　知っておきたいAIの基礎知識

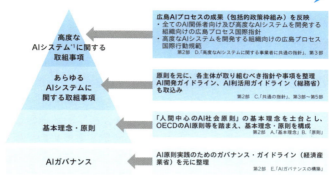

出所）総務省・経済産業省「AI事業者ガイドライン」、2024年4月
https://www.meti.go.jp/shingikai/mono_info_service/ai_shakai_jisso/pdf/20240419_2.pdf

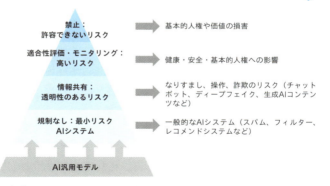

出所）「Artificial intelligence act」(European Parliamentary Research Service)
https://www.europarl.europa.eu/RegData/etudes/BRIE/2021/698792/EPRS_BRI(2021)698792_EN.pdf
をもとに野村総合研究所作成

50

電子透かし

> 生成AIが生成したコンテンツであることを識別できるように、その生成物の一部や内部に「署名」を埋め込む技術です。

　生成AIにおける「電子透かし（デジタルウォーターマーク）」は、生成された画像、映像、音声などに識別情報を埋め込み、コンテンツの出所や生成元を特定するための技術です。生成AIによるコンテンツがどこで、いつ、誰によって作られたのかを識別できるようにし、著作権保護や出所証明に役立てます。この技術により、AI生成物が悪用されるリスクが低減され、信頼性が向上することが期待されています。

　透かし技術は紙幣などの真贋判定にも利用されている汎用的な方法ですが、電子透かしは一般的に肉眼では見えない形でデータに埋め込み、コンテンツの「署名」の役割を果たします。Googleの「SynthID」は大規模言語モデル（LLM）がテキストを生成するときに、選び出される単語や表現の確率に調整を入れて、特定の単語が自然文よりも生成されやすくなるよう、出力の一部に混ぜ込む方法を採っています。また電子透かしを利用することで結果の品質や有用性が落ちないことなども同時に満たす必要があります。

　電子透かし技術により、ディープフェイクなど悪意ある情報操作を防ぐとともに、仮にディープフェイクや偽情報などの悪意のある情報がWeb上に拡散された場合でも、コンテンツがAIによって生成されたかどうかを即座に確認できるため、問題を早期に終息できます。

GoogleのSynthIDによるテキストに対する電子透かし

文中の「and」に続く単語の出現確率をLLMの純正のものからずらすことで、文章への単語の現れ方を電子透かしとして利用しています

	LLM	透かし
My favourite tropical fruits are mango and guava	0.15	0.25
banana	0.30	0.24
pineapple	0.45	0.28
starfruit	0.10	0.23

下記の文章は、網掛けの単語の出現が、LLMが生成するテキストとは有意に異なることから、電子透かしが付与されていて、生成AIの生成物であると99.9%の確率でいえます

Output

"Hello,

I hope this email finds you well. I'm excited to share with you some updates on the upcoming event.

We've just secured several incredible speakers who will be sharing their expertise and experiences. These speakers are leaders in their field and have a wealth of knowledge to offer. In addition to the speakers, we will also have other engaging activities such as interactive workshops, break-out sessions and networking opportunities. These activities will provide attendees with the opportunity to dive deeper into the topics, connect with peers, and build valuable relationships.

I'm confident this event will be a great success, and I'd love to have you as a speaker or workshop leader. I think your knowledge and experience would be a valuable addition to the event. If you're interested, please let me know your availability, and we can discuss the details.

I'm excited to hear your thoughts and ideas for the event. Let's stay in touch and figure out a time to chat more in-depth about the event.
Best regards,"

Probability of being watermarked: 99.9%

出所）DeepMind（https://deepmind.google/technologies/synthid/）

51 モデルマージ

> 複数のモデルの機能を抽出し、求める性能となるような統合モデルを作り出す技術。軽量な計算環境で実施できる一方で、モデルの統合方法を適切に選ぶ必要があります。

「モデルマージ」とは、複数あるAIモデルを統合し、新たなモデルを構築する技術です。通常、モデルはそれぞれが個別の知識や特徴を備えています。モデルマージを用いることで、複数のモデルが持つ知識や機能を生かし、1つの新たなモデルにまとめることが可能です。

英語で金融領域に特化した大規模言語モデル（LLM）と日本語の一般的な話題に強いLLMがあったときに、モデルマージにより日本語の金融に特化したLLMが作れるというものです。複数のLLMの能力のいいところ取りをしながらモデルを改善します。通常、このようなLLMを作るには、学習データや大規模な計算環境を用意する必要があります。しかしモデルマージを使えば厳密な学習ではなく、推論結果を使って、モデルパラメータを調整するので、比較的軽量な計算環境で実行可能とされているのもメリットの1つです。

モデルマージの方法は、同じアーキテクチャのモデルを複数用意し、各層のパラメータ同士を比較統合（平均など）することで1つの重みにする方式が基本とされています。モデルを統合する際に、アウトプットが最適化するように重み付けの仕方を工夫することなどにより、各モデルの個別の知識が統合され、新しいタスクや多様な状況に対応できる汎用的なモデルが生まれるとされています。

114 第2章　知っておきたいAIの基礎知識

モデルマージの方式

同じ構造を持つモデルを複数用意し、決められたパーツごとに比較し、双方が持つ機能が新しいモデルに残るように統合する

・重みレベルのマージ
　複数のモデルの重みを数値的にマージする。統合モデルは元のモデルと同じサイズになる

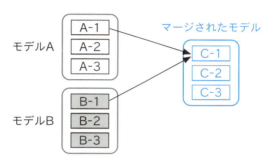

・層レベルのマージ
　元のモデルから必要な層を取り入れて、統合モデルにするため、元のモデルサイズとは異なる

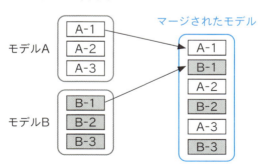

出所）Sakana AI（https://sakana.ai/evolutionary-model-merge-jp/）を基に野村総合研究所作成

52 マシン・アンラーニング

> 特定の知識に関するデータを消去する手法。大規模モデルの学習には多大なコストがかかるため再学習をせずに、指定したデータを忘れさせます。

「マシン・アンラーニング（機械忘却）」とは、学習済みのAIモデルに対して、特定のデータを「忘れさせる」技術のことです。通常、機械学習ではデータの特徴や傾向をモデルに覚えさせることで、予測や判断ができますが、マシン・アンラーニングはその逆で、特定のデータに関する知識をモデルから消去するプロセスです。

この技術が必要とされる背景は、大規模言語モデル（LLM）をはじめとして、精度の良いモデルを構築する中で、学習データやモデルの構造が巨大化してきたことが挙げられます。

学習データに不適切なデータを含んだまま、大規模モデルを構築したとします。のちにその不適切なデータに関する知識を削除したモデルに作り直すことが必要になったときにアンラーニングを実行します。従来は不適切データを除外したデータセットを作り、モデルを初期化して再学習を行うしかありませんでした。これには多大なコストがかかるため、アンラーニングによる選択的な知識の消去が求められています。

マシン・アンラーニングでは、特定のデータのみを効率よく削除し、モデルの性能や精度に過度な影響を与えないような工夫が求められます。こうした技術は、データ管理やプライバシー保護が重視される現代において、重要な役割を果たしています。

第2章　知っておきたいAIの基礎知識

マシン・アンラーニングにおける「忘却」の種類

あるデータを忘却させたモデルと、そのデータをもともと知らないモデルの比較で定義されます

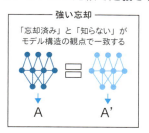
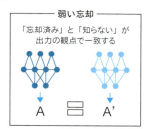

米学会NeurIPSにおいて行われたコンペティション

・コンペティションの概要
　顔写真から年齢を予測するAIモデルに対し、指定された顔写真画像をAIモデルから忘れさせることができたかを競う

・コンペティションの進め方

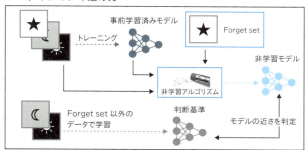

①参加者は指定されたデータ（Forget set）を忘却させたモデルを構築
②Forget set 以外のデータで学習されたモデル（もともとForget setデータを知らないモデル）と比較しモデルの近さを判定（強い忘却）

出所）NeurIPS 2023 Machine Unlearning Challenge
（https://unlearning-challenge.github.io/）を基に野村総合研究所作成

53

省電力化

> AIモデルの学習には、大量の電力を消費し、CO₂の排出も増大することが予測されています。環境負荷低減のためにもAI開発における省電力化が求められます。

　大規模言語モデル（LLM）の学習には、長時間にわたって大量のGPUなどの計算資源を使用します。この学習時に必要とされる計算資源には、多大な電力が必要であり、多くのCO_2排出が見込まれています。実際にLLMに関する研究論文では学習時に排出されたCO_2量が記載されることもあり、生成AIの開発に持続的発展が求められ始めています。

　今後、大規模言語モデルの開発競争が加速するにつれ、電力需要の増加が避けられないと考えられています。このため一部の生成AI開発企業では、原子力発電によるエネルギー供給に頼ったり、独自にエネルギー資源を確保したりする動きも見られます。

　一方で環境負荷の軽減を目指し、省エネ型生成AIの開発も進んでいます。モデルそのものを小規模化する設計方法や、モデルサイズを維持しつつ学習時間の短縮や効率的な計算環境を設計するアプローチも採られています。

　電力消費を抑えた深層学習のための専用ハードウエアの開発も進み、GPUやTPUに加えて深層学習に特化した新しい省エネ型半導体の設計も行われています。今後、省エネ技術の導入により、生成AIに関連する環境負荷を低減しながら、高性能を維持するための取り組みがさらに加速していくことが見込まれます。

AIの開発における計算量の増加

モデルの学習で消費される電力やCO_2排出量を推計すると、ニューヨーク・サンフランシスコ間往復フライトでの旅客1人分のCO_2排出量（1,984lbs）の水準となるものもあります

モデル	消費電力（W）	時間	消費電力量（kWh-PUE）	CO_2（lbs）
Transformer_base	1,415.78	12	27	26
Transformer_big	1,515.43	84	201	192
ELMo	517.66	336	275	262
BERT_base（V100）	1,2041.51	79	1,507	1,438
BERT_base（TPU）		96		
NAS（P100）	1,515.43	274,120	656,347	626,155
NAS（TPU）		32623		
GPT-2		168		

データセットや学習の条件を固定したうえでのモデルごとの構築コスト

出所）https://arxiv.org/abs/1906.02243を基に野村総合研究所作成

54

汎用人工知能（AGI）

> 特定のタスクのために開発されたAIと異なり、自律的に学習を行い、問題の解決を図る人間同様の知能を持ったAIのこと。

「汎用人工知能（AGI：Artificial General Intelligence）」は、さまざまな問題に柔軟に対応できる「汎用知能」である人間の知能を再現するAIを指します。現在のAIは画像認識や言語処理といった特定分野に特化して高精度な問題解決を行いますが、AGIは未知の課題にも応用できる汎用性と適応力を持つことが特徴です。

AGIに求められるのは、認識、推論、学習といった知識操作の基本的な能力に加え、自律的に学習し続ける力や自然言語での円滑なコミュニケーションです。これにより、新しい情報を吸収し、さまざまな状況下で人間と同様に柔軟に問題に取り組む知能となります。こうした能力が備われば、AGIは新たな知識を習得し成長する知能として、人間が定めた特定のタスクの解決のみならず、新たな問題やタスクの発見と、その自律的な解決ができるようになり、多様な問題への適用が期待できます。

近年、大規模言語モデル（LLM）が、AGIの基盤技術として注目を集めていますが、LLM自体はデータに基づいたパターン認識に依存し、真のAGIに必要とされる柔軟さにはまだ到達していません。そのため、AGIの実現にはさらなる技術革新と新たなアプローチが求められ、その達成は極めて困難であると認識されています。

強いAIと弱いAI

弱いAI

知能ではなく特定の分野の解決方式を繰り返すことができるAI

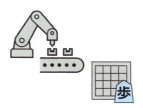

データを分類するAIやゲームを攻略するAI、自然言語処理に特化したLLMも弱いAI

強いAI

汎用人工知能：
人間に匹敵する知識処理を行うことができ、自己学習などを行うことが可能なAI

技術的な到達はまだ難しいとされている

「知識」「処理」などの定義が異なる場合があり、「強いAI」「弱いAI」の議論となる概念です。

55 人工超知能（ASI）

> 汎用人工知能の先にある人工超知能は、人間の知的能力を大きく超え、自己学習・自己進化を遂げると考えられています。人間が制御できる形での運用が必要になります。

「人工超知能（ASI：Artificial Superintelligence）」は、人間を超える知的能力を持ち、判断や推論、問題解決を高度に行える人工知能です。ASIは人間が行うあらゆる知的活動を超え、科学研究や技術開発、医療診断、経済予測など多様な分野で卓越した能力を発揮するものと期待されています。

ASIの特徴は、自己学習と自己進化を通じて知識と能力を拡張し続け、未知の課題にも迅速に適応できる点にあります。そのため人間が予測できないほどのスピードで知識を拡大し、自己改善を重ねることで、自律的な進化を遂げると考えられています。こうした能力によってASIは、人間の知的限界を超え、従来の知識では到達できない領域での洞察や解決策を提供することが見込まれています。

しかし、ASIは人間の理解を超える高度な判断や推論を行うため、その挙動は未知数であり、予測や制御が困難となる点が大きな懸念です。ASIが独自の目標や価値観を持つ場合、人間の意図や価値観と一致しない行動を取る可能性があり、安全性と倫理性の確保が不可欠とされています。したがってASI開発では、技術的進展とともに、倫理ガイドラインや厳格な管理体制の構築が求められ、人類とASIが安全に共存できるためのルール作りが今後の重要な課題となっています。

122　第2章　知っておきたいAIの基礎知識

人工知能技術の進化とフェーズ

弱いAI

特化型AI

特定タスクのみに特化している

生成AI

複数のタスクをこなす

強いAI

AGI

汎用人工知能
人間に匹敵する知識処理を行い、汎用的なタスクにも対応できる

ASI

人工超知能
人間を超える知識処理を行い、自律的な問題発見・解決を行うことで成長する

「必要なのは経験から学べる機械」
（アラン・チューリング）

　アラン・チューリング氏は1900年代前半の数学者・暗号研究者であり、コンピュータの基となる電子計算機の研究に従事していた人です。この言葉は、AIが登場するはるか昔にチューリング氏が発した言葉ですが、AIや機械学習の根本的な考え方を表しています。

　経験から学ぶことが重要であり、データや事象などから学び、行動を改善することの重要性を説いています。これは現在のAIや機械学習の考え方の基本ともいえます。単純に決められたルールやアルゴリズムで答えを出すだけではなく、ルールを更新して、新しい状況に対応することが大切なのです。

　人間が経験から学んで進化するように、機械も経験に基づいて進化する柔軟性と適応性が求められています。AIも学び続けて進化することが重要なのです。

第 3 章

AI を活用した
代表的なツール

56 watson、watsonx（ワトソン、ワトソンエックス）

> 米IBMが開発したAIモデル。2011年に米国のクイズ番組で人間に勝利し、AIが世の中の役に立つことを広く知らしめました。膨大なデータ解析に基づき回答を導出します。

「watson」と「watsonx」は、いずれも米IBMが開発した企業向けに人工知能（AI）サービスを提供するデータ分析プラットフォームです。AIが世の中の役に立つ技術であることを広く知らしめる先駆けとなりました。

watsonは2011年に米国のクイズ番組「Jeopardy!」で人間のチャンピオンに勝利したことで、世界的に話題を集めました。watsonは自然言語処理、情報検索技術、機械学習技術を駆使して膨大なデータを解析でき、そこから最適な回答を導き出します。この特性は大量の専門的な知識を必要とする分野で、高い能力を発揮できます。具体的にはwatsonは医療や金融、法律といった専門分野での応用が進み、例えばがん治療のサポートや、法律文書の解析支援などで利用されています。

watsonxは、汎用的かつ最新のAI技術を企業向けに提供するIBMの商用生成AIプラットフォームとして2023年に登場しました。watsonxは複数の大規模言語モデル（LLM）を統合しており、これにはIBM独自の「Granite」シリーズのほか、オープンソースモデルの「Llama」や「Mistral」なども含まれます。

これらはIBMの技術力を基盤にしており、企業のデジタルトランスフォーメーション（DX）やAI活用を支援するツールとして利用されています。

製品・サービスの仕様

項目	内容
概要	企業向けにAIサービスを提供するデータ分析プラットフォーム
運営会社	米IBM
公開年	2006年（開発開始）
特徴	・もともとは大量の入力データから高速に回答を導き出す質問応答システムとして開発された ・歴史が古くエンタープライズ用途での導入実績が多い
使い方	・IBM Cloud経由でのAPI利用など

2011年「Jeopardy!」におけるwatsonの勝利３つのポイント

1997年のDeep Blue以来の挑戦

IBMにとって、1997年にチェスの世界王者ガルリ・カスパロフに勝利したコンピュータ「Deep Blue」以来となる、「AI対人」の象徴となるような挑戦であった

大規模分散処理やビッグデータ学習など当時の先進技術の集大成

大量のテキストデータを事前に学習し、クイズ問題を自然言語で理解し、並列・分散処理で高速に解析して即座に回答するなど、当時の先進技術を総合的に活用していた。

AIが人間に勝り得ることを世に知らしめた

チェスのようなルールの決められた世界だけでなく、より高度なタスクでもAIが人間を上回る可能性を印象付けた。これを契機としてAIに対する社会的関心が世界的に拡大した

出所）https://www.ibm.com/blogs/ibm-anz/the-ai-sommelier-making-you-the-wine-expert/

57 ChatGPT（チャットジーピーティー）

> ▶ 米OpenAIが開発したAIチャットボットで、翻訳やコード生成など多様なタスクに対応。性能が高く、公開2カ月で1億ユーザーを獲得するなど世界的に注目を集めました。

「ChatGPT」は、米OpenAIが2022年に公開したAIチャットボットで、生成AIの一種です。人間のような自然な対話が可能で、ユーザーの質問や要望に応じてさまざまな情報や文章を生成します。このチャットボットは、GPTと呼ばれる大規模言語モデル（LLM）を基盤としており、膨大なテキストデータを学習しています。その結果、翻訳、文章の要約、プログラミングコードの生成など、多岐にわたるタスクに対応できます。例えば、プログラミングでエラーが出たときに、その原因と解決策を尋ねると、具体的なアドバイスを提供してくれます。

ChatGPTは2022年11月に公開され、その性能の高さから、2023年1月までにわずか2カ月で1億人以上のユーザーを獲得し、世界的に知られる消費者向けソフトウエアとなりました。ChatGPTの公開後、多くのIT企業が同様の生成AIモデルの開発を行うようになり、「Gemini」「Claude」「Llama」「Grok」などの競合製品も次々と登場しています。

ChatGPTはIT企業との協業も進めており、2024年には米Appleが提供する「Apple Intelligence」機能にChatGPTが搭載されました。これにより、ユーザーはiPhoneやMac上でより便利にChatGPTを活用できるようになっています。

製品・サービスの仕様

項目	内容
概要	AIチャットボット
運営会社	米OpenAI
公開年	2022年
特徴	・応用範囲が幅広く、アイデアのブレインストーミング、文章生成、コード作成など、多岐にわたる用途で活用できる ・精度が高く、回答も高速
使い方	・Webブラウザやアプリを通じて使用 ・外部APIも利用可能

日本人のChatGPTの利用率の変化

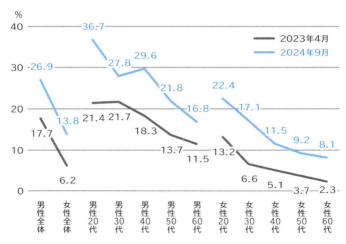

出所）野村総合研究所「インサイトシグナル調査」、2023年4月15～16日、2024年9月7～8日

58 HuggingChat（ハギングチャット）

> 米Hugging Faceが提供するオープンソースのAIチャットボット。Llamaなどのモデルを組み合わせ、高度な対話能力と多彩なタスクへの対応を実現しています。

「HuggingChat」は、ChatGPTと同様の機能を持つオープンソースのAIチャットボットです。自然言語処理ライブラリの開発で知られている米Hugging Faceが2023年に公開しました。オープンソースプロジェクトとして展開されており、無料で利用できるだけでなく、ソースコードが公開されているため、開発者やユーザーが自由にカスタマイズできます。

HuggingChatは、複数のモデルを組み合わせることで高度な対話能力を実現しています。具体的にはバックボーンとして、「Llama」や「Mistral」などのオープンソースのLLMを活用しています。ChatGPTと同様に、メールの文章作成、コードの生成、翻訳など、多彩なタスクに対応しています。

HuggingChatはHugging Faceの「Spaces」というプラットフォーム上で動作しており、そのユーザーインターフェース（UI）のソースコードも公開されています。これにより、開発者は自分専用のチャットボットを公開したり、使用モデルを変更したり、独自機能を追加したりできます。

オープンソースの強みを活かし、世界中の開発者が協力してHuggingChatの機能向上や新機能の追加を進めています。将来的には商用のAIチャットボットに匹敵する性能を持つようになるかもしれません。

製品・サービスの仕様

項目	内容
概要	AIチャットボット
運営会社	米Hugging Face
公開年	2023年
特徴	・オープンソースで提供されており、誰でも利用・拡張が可能 ・LlamaやMistralなどの複数のLLMモデルをバックボーンとしている
使い方	・Webブラウザやアプリを通じて使用

HuggingChatアプリのイメージ

出所）HuggingChatアプリより野村総合研究所が作成

59 Microsoft Copilot（マイクロソフト コパイロット）

> ▶ 米Microsoftが開発したGPT-4を基盤とするAIアシスタント。Windows 11やMicrosoft 365と連携し、文書作成やデータ分析などをスムーズに支援します。

「Microsoft Copilot」は、米Microsoft（マイクロソフト）のさまざまなアプリケーションと統合された多用途なAIアシスタントです。2023年にリリースされ、2024年12月時点では、「GPT-4」という大規模言語モデル（LLM）を基盤としています。このAIアシスタントは、マイクロソフトがこれまで提供していた音声アシスタント「Cortana（コルタナ）」の後継と位置づけられています。

Copilotは、ChatGPTと同様に、ユーザーが自然な言葉で質問や指示をすると、それに応じて回答や提案を行います。例えば、文章の要約、電子メールやプレゼンテーション資料の作成などができます。また複数の言語や方言にも対応しており、翻訳や言語学習にも役立ちます。

CopilotはWindows 11やMicrosoft 365のアプリ（Word、Excel、PowerPointなど）と統合されているのが強みです。これらを用いた、日常の文書作成やデータ分析の効率を向上させます。例えば、Excelを通じてCopilotに「このデータから主要なトレンドを教えて」と尋ねると、自動的にグラフや要約を作成してくれ、専門的な知識がなくてもデータから洞察を得られます。

Copilotはまだ新しい技術であり、誤った情報を提供することもあります。マイクロソフトは、これらの課題への対応や、さらなる精度向上を進めています。

132　第3章　AIを活用した代表的なツール

製品・サービスの仕様

項目	内容
概要	マイクロソフトのアプリと統合された多用途なAIアシスタント
運営会社	米Microsoft
公開年	2023年
特徴	・OpenAIのAIモデルを利用しており性能が高い ・複数のマイクロソフトのアプリ間で連携が可能
使い方	・マイクロソフトのアプリやサービスを介して使用

Microsoft Copilotの活用例

対象アプリ	活用の例	プロンプトイメージ
Word	・文書の下書き作成 ・要約の作成 ・トーンの変更、文章の校正	「このアイデアメモを基に、2ページの企画書のドラフトを作って」 「第3段落を全体的に簡潔に書き直して」 「文書全体をよりカジュアルなトーンに変更」
Excel	・データ分析の支援 ・相関の発見、モデルの作成 ・グラフによる可視化	「売り上げをアイテム別・チャネル別に内訳表示して、円グラフを挿入して」 「この変数が利益率に及ぼす影響をモデル化して、シミュレーション結果を可視化して」
Power Point	・文書からのプレゼン用スライド作成 ・既存プレゼン資料の要約 ・スライドの加工、編集	「Word文書を基に5枚のスライドを作って、適宜ストック写真を挿入して」 「この30枚のプレゼンを、3枚のスライドに要約して」 「3つの箇条書きを、スライドに3列に再配置し、各列にイメージ画像を追加して」
Outlook	・大量のメール履歴の要約 ・返信文案の作成 ・トーンの変更、長さ調整	「先週不在中に見逃したメールを要約して、重要項目をフラグ付けして示して」 「このメールの返信を書いて、感謝を述べつつ2点目と3点目の詳細を尋ねて、できるだけ短く、プロフェッショナルなトーンで」
Teams	・ミーティング内容の要約 ・議論ポイントの抽出 ・決定事項や次のアクションの整理	「1時間のミーティングの結果を要約して、どんな主張があり、どこに対立点があるか」 「議題に対する賛成意見と反対意見の表を作って」 「ミーティングでなされた決定事項と次のアクションは？」

出所）米Microsoftの資料を基に野村総合研究所が作成
(https://www.microsoft.com/en-us/microsoft-365/blog/2023/03/16/
introducing-microsoft-365-copilot-a-whole-new-way-to-work/)

60 Gemini（ジェミニ）

> 米Googleが開発したマルチモーダルAIモデル。Googleが提供するさまざまなサービスと統合され、Web検索やタスク管理、予定共有など生活を幅広くサポートします。

「Gemini」は、米Googleが2023年に公開した、マルチモーダルのAIモデルです。その強みはGoogle検索といったGoogleが提供するさまざまなサービスと統合されている点にあります。

　ユーザーが「週末におすすめのレストランは？」と尋ねると、GeminiはGoogle検索から最新のレビューを参照し、近隣の人気レストランを提案します。Googleマップと統合されているため、提案したレストランへの道順や所要時間も即座に提供できます。旅行の計画を立てる際には、フライトやホテルの情報Googleフライトやhotel検索から取得し、プランを提案します。

　ビジネス用途ではGoogleカレンダーやGmailとも連携しており、予定の管理やリマインダーの設定も簡単です。例えば、「明日の会議資料を共有して」と依頼すると、GeminiはGoogleドライブから該当のファイルを見つけ出し、関係者に共有する手続きまで行います。

　技術面でGeminiは、テキストだけでなく、マルチモーダルデータ（画像、音声、動画など、複数のデータ形式）の理解力が高い点が特長です。Googleの多彩なサービスとマルチモーダルの高性能な情報理解とをシームレスに連携することで、情報検索から日常のタスク管理まで幅広くサポートするツール群を実現しています。

製品・サービスの仕様

項目	内容
概要	Googleのサービスと統合されたマルチモーダルAIモデル
運営会社	米Google
公開年	2023年
特徴	・テキストだけでなく、マルチモーダルデータ（画像、音声、動画など、複数のデータ形式）の理解力が高い ・Googleが提供するさまざまなサービスと統合している
使い方	・Webブラウザやアプリを通じて使用 ・Googleのサービスを介して使用

GeminiとGoogleの既存サービスが連携する例

Googleのサービス	連携内容の例
Gmailとの連携	受信トレイ内のメール要約、特定のメール内容の抜粋、関連情報の簡易取得
Googleドライブとの連携	ドキュメントやスプレッドシート内の情報検索・要約、関連資料の参照
Googleドキュメントとの連携	文書内容の読み込み、必要に応じた概要作成、翻訳や校正サポート
Googleマップとの連携	特定エリアやルートに関する情報取得、旅行プランの地図表示による視覚化
Googleフライトとの連携	目的地・日付・予算などに合わせたフライト情報の抽出、旅程作成の効率化

出所）米Googleの資料を基に野村総合研究所が作成
（https://support.google.com/gemini/answer/14579631）

61

Llama（ラマ）

> 米Metaが2023年2月に公開した大規模言語モデル。ソースコードが公開されており、自由にカスタマイズが可能。パラメータサイズも選べ、Llama 2以降は商用利用可能です。

「Llama（Large Language Model Meta AI）」は、米Metaが開発した大規模言語モデル（LLM）のシリーズで、2023年2月から公開されています。このモデルは、一般向けというよりは、専門の研究者や開発者を想定して提供されています。高度な自然言語処理能力を持ち、文章生成や対話の性能が優れているため、LLMモデルを用いた研究やプロダクト開発などで利用されています。

Llamaはオープンソースであり、ソースコードやモデルの重みが公開されています。これは、モデルが非公開のChatGPTやGeminiとは異なり、研究者や開発者がモデルの内部構造を理解し、自分たちでカスタマイズや改良できることを意味します。例えば、「llama.cpp」というオープンソースプロジェクトでは、公開されたソースコードを活用し、ローカル環境でモデルを実行できるようになりました。これにより、個人や小規模な組織でも高度な大規模言語モデルを手軽に利用できます。

また、Llamaはさまざまなパラメータサイズ（例えば7B＝ビリオン＝70億、13B、70Bなど）で提供されています。小さなモデルは計算資源を節約できるため、用途やハードウエア性能に合わせて最適なサイズを選択できます。

Llama 2以降のバージョンでは、商用利用も可能なライセンスとなり、AI技術の幅広い普及に貢献しています。

製品・サービスの仕様

項目	内容
概要	Metaが開発した大規模言語モデル（LLM）のシリーズ名
運営会社	米Meta
公開年	2023年
特徴	・ローカル環境で実行が可能な軽量モデルもあり、個人や小規模な組織でも利用可能 ・専門の研究者や開発者を想定して提供されている（ソースコードを公開）
使い方	・MetaのWebサイトやHugging Faceのプラットフォームを通じて入手

日本ではELYZAがLlamaをベースとして日本語性能を向上させたモデルを開発

時期	公開内容
2023年8月	Llama 2をベースとした日本語LLMモデル「ELYZA-japanese-Llama-2-7b」を一般公開
2024年6月	Llama 3をベースとした日本語LLMモデル「Llama-3-ELYZA-JP-70B」を一般公開
2024年9月	Llama 3.1をベースとした日本語LLMモデル「Llama-3.1-ELYZA-JP-70B」を一般公開

出所）ELYZAのWebページを基に野村総合研究所が作成（https://elyza.ai/）

62

DALL-E（ダリ）

> 米OpenAIが開発した画像生成AIモデル。最新のDALL-E3は高度な言語処理能力を持ち、複雑なプロンプトを正確に画像化します。ChatGPTを介した対話的な生成も可能。

「DALL-E」は、米OpenAIが開発したテキストから画像を生成するAIモデルです。画家のサルバドール・ダリや、ピクサーの長編アニメ映画「ウォーリー（WALL・E）」のキャラクターが名前の由来となっています。2021年に初代のDALL-Eが公開され、2022年には改良版のDALL-E 2、2023年には最新バージョンであるDALL-E 3が公開されました。

DALL-E 3は、言語理解能力が従来のモデルよりも向上し、ユーザーの複雑なプロンプトにも的確に応答できるようになりました。DALL-Eの強みは、この高度な言語理解や、言語表現能力にあるとされ、これはOpenAIの持つ高度な自然言語処理技術が融合した効果と考えられます。抽象的な概念や細やかな言語表現でも、そのニュアンスをくみ取ったクリエイティブな画像を生成できます。プロンプトを通じた画像の細かな編集や調整も得意としています。さらに、多くの画像生成モデルが苦手とするテキストを含む画像の生成も得意であり、看板やポスター、漫画の吹き出しなど文字情報が重要な画像も再現できます。

ChatGPTとの連携により、ユーザーは使い慣れた対話形式で分かりやすく簡単に画像生成が行える点も強みです。これらの特長から、DALL-Eは高性能かつ利便性の高いツールとして幅広く使われています。

138　第3章　AIを活用した代表的なツール

製品・サービスの仕様

項目	内容
概要	画像を生成するAIモデル
運営会社	米OpenAI
公開年	2021年
特徴	・ChatGPTとの連携により、命令の理解能力が高い ・クリエイティブな画像を生成できる ・プロンプトで画像を編集・調整することもできる
使い方	・ChatGPTで使う（命令を入力） ・各アプリケーションにAPIとして連携 ・Microsoft Copilotなどでも使用可

出力事例

出所）DALL-Eを使って筆者が生成

63 Stable Diffusion （ステイブル ディフュージョン）

▶ 英Stability AIが2022年に公開した、オープンソースの画像生成AI。ローカル環境で動かせ、独自のカスタマイズが可能。開発者のコミュニティも活発。

「Stable Diffusion」は、英Stability AI が2022年にリリースした、テキストから画像を生成するAIモデルです。2023年には、日本の文化や表現に特化した「Japanese Stable Diffusion XL」というモデルも公開されました。

Stable Diffusionは、類似サービスであるDALL-EやMidjourneyと比較して、いくつかの強みを持っています。まず、オープンソースで公開されているため、コードとモデルの重みを誰でも自由に利用・改変できます。研究者や開発者はモデルを独自にカスタマイズしたり、新しい機能を追加したりすることが可能です。

ハードウエアの要求性能が高くない点も特徴です。4GB（ギガバイト）以上のVRAMを持つGPUがあれば、市販されている消費者向けパソコンでもモデルを実行できます。類似サービスの多くがクラウド上のみで利用可能なのに対し、Stable Diffusionはローカル環境でも実行できます。

オープンソースであるためにコミュニティも活発で、多くのユーザーや開発者がプラグインや拡張機能を開発し、新しい使い方が日々共有されています。これらの強みから、自分のコンピュータでプライバシーを保ちながら自由に画像生成を行いたい人や、モデルを深く理解して独自の応用を試みたい研究者、開発者から広く支持されています。

製品・サービスの仕様

項目	内容
概要	画像を生成するAIモデル
運営会社	英Stability AI
公開年	2022年
特徴	・オープンソースとしてコードが公開されている ・日本語入力に対応した日本特化版がある
使い方	・連携しているWebアプリケーションからの利用（Hugging Face、Dream Studioなど） ・独自に構築したローカル環境にインストールすることも可能

出力事例

出所）Stable Diffusion を使って筆者が生成

64 Midjourney（ミッドジャーニー）

> ▶ 芸術的で洗練された画風が特長の画像生成AIモデル。ユーザーの要望に応じて頻繁なバージョンアップが行われています。細かな指示を反映した画像生成ができ利便性が高いのが特徴です。

「Midjourney」は、米国のサンフランシスコに拠点を置く独立系研究所Midjourneyが2022年に発表したテキストから画像を生成するAIモデルです。当初は、米国で普及しているチャットアプリ「Discord」を介して利用する仕組みのみが提供されていましたが、2024年8月からはWebブラウザ上で直接操作可能になり、誰もが直感的なインターフェースを通じ気軽に画像生成が行えるようになりました。

DALL-EやStable Diffusionと比較すると、Midjourneyは芸術的で創造性豊かな画像生成が得意です。例えば「未来的な都市を水彩画風に描いてください」といったプロンプトに対して、独特のアート性を備えた高品質な画像を生成します。より精巧で洗練された表現力が高く評価され、芸術性が求められる場面で利用されています。

ユーザーのリクエストに応じて、バージョンアップが頻繁に行われており、利便性が高い点も強みです。画像のサイズ、縦横比、品質、抽象度、参考画像の参考度合い、テキスト入力した単語ごとの重視度など、多彩なオプションが用意されており、細かな指示を反映した画像を生成できます。特定のスタイルやキャラクターを参考にした画像生成ができる「スタイルリファレンス」や「キャラクターリファレンス」といった機能が追加され、ユーザーのイメージを反映した画像生成も簡単にできます。

142　第3章　AIを活用した代表的なツール

製品・サービスの仕様

項目	内容
概要	画像を生成するAIモデル
運営会社	米Midjourney（研究所）
公開年	2022年
特徴	・分かりやすいインターフェースで芸術的な作風の画像を生成できる ・バージョンアップが頻繁に行われており機能が豊富
使い方	・チャットアプリであるDiscordでキーワードや文章を入力して使用 ・Web版も登場して、簡単に利用可能に

出力事例

出所）Midjourneyを使って筆者が生成

65 Gen-3 （ジェン スリー）

> ▶ 米Runwayが開発した動画を生成するAIモデル。テキストや画像を基に、高品質な動画を生成します。複雑なシーンや尺の長い映像も滑らかに再現できます。

「Gen-3」は米Runwayが開発したテキストなどの入力情報から動画を生成するAIモデルです。類似サービスとしては米OpenAIの「Sora」や米Googleの「Imagen」などがあります。Runwayは、もともと動画編集ツールを提供する企業でしたが、2023年に動画を自動生成するGen-1およびGen-2を発表し、2024年に最新モデルであるGen-3を公開しました。Gen3は従来モデルと比べ、映像の解像度や動きの滑らかさが大幅に向上しています。

Gen-3の特長は高度な動画生成能力にあります。従来のモデルでは尺の短い単純な動きしか生成できなかったのに対し、Gen-3はより長い動画や複雑なシーンでもリアルに再現できます。また、これまでのモデルはフレーム間でオブジェクトの位置や形状が変わってしまうという課題がありましたが、Gen-3はその課題を克服し、より連続的で滑らかな映像を生成できるようになりました。Runwayは、大規模なマルチモーダル学習がこれを可能にしたと説明しています。

Gen-3はテキスト入力だけでなく、画像や既存の動画クリップから新しい動画を生成する機能もあります。ユーザーは自分が作りたい動画のスタイルをテキスト以外の方法でも具体的に提示できるため、よりイメージに近い動画を生成できます。

製品・サービスの仕様

項目	内容
概要	動画を生成するAIモデル
運営会社	米Runway
公開年	2024年（Gen-1は2023年）
特徴	・従来モデルよりも映像の解像度や動きの滑らかさが向上 ・画像や既存の動画クリップから新しい動画を生成する機能がある
使い方	・Webブラウザでの使用 ・Runwayの提供する専用ツールを介した使用

出力事例

起点の画像　　　　　　　生成された動画の一部

出所）Stable Diffusionで生成した画像を基に、Gen-3を使って筆者が生成

66 Sora（ソラ）

> ▶ 米OpenAIが作成した動画生成AIモデル。2024年12月に一般公開され、シーン内の物体や人物が時間を通じて一貫して描かれる点が特長。高度なシミュレーション能力も持ちます。

「Sora」は、米OpenAIが2024年に発表した動画生成AIモデルです。2024年12月に一般向けにも利用可能となりました。まだ公開されていない部分もありますが、単純な動画の生成だけでなく、ビデオの延長やつなぎ合わせ、静止画像からのアニメーション作成や、既存の動画のスタイルや環境をプロンプトで変更する機能などもあると、OpenAIは発表しています。

Soraは3D的な一貫性を持つ映像生成を強みとしています。映像内の物体や人物が、動的なカメラアングルの変化や被写体の移動に対し違和感なく描写され、まるで現実のように再現されます。さらに、キャラクターが画面外に出ても再び戻ってくるなど、各物体があたかもそこに存在するかのような永続性が保たれた動画を生成できます。画家の描く絵が時間の経過とともに完成に近づいたり、ハンバーガーを食べたときの噛み跡が残ったりするなど、それぞれの動作が与える不可逆な影響を維持する動画も生成できます。

Soraはデジタル世界のシミュレーションも得意です。マインクラフトのようなゲーム内の世界を高精細に再現し、プレイヤーの動きや環境の変化をリアルに表現する動画を公開して話題を集めました。これらの高度なシミュレーション能力により、現実世界をよりリアルに再現した動画の生成が可能となっています。

製品・サービスの仕様

項目	内容
概要	動画を生成するAIモデル
運営会社	米OpenAI
公開年	2024年
特徴	・各物体があたかもそこに存在するかのような永続性が保たれた動画を生成できる ・現実世界をよりリアルに再現した動画生成が得意
使い方	・Webブラウザでの使用

出力事例

生成された動画の一部

出所）Soraを使って筆者が生成

「人工知能の未来を懸念する理由は、AIが悪意を持つことではなく、私たちが注意を怠ることだ」(スティーブン・ホーキング)

イギリスの理論物理学者であるスティーブン・ホーキング氏の言葉です。AIは人間を超えると予測しており、2018年に亡くなる前に、さまざまな警鐘を残しています。

AIの開発には危険性が伴うことを危惧はしていますが、必ずしもAIを否定しているわけではありません。AIの開発を進める必要性も訴えています。

ディープフェイクやハルシネーションが問題となってきていますが、AIが自発的に悪意を持つわけではなく、原因は人間にあります。人間による間違った目的や操作の下で、AIが動作することの方がリスクとして大きいのです。AIそのものよりも、AIの制御や責任ある開発を怠った結果が招くリスクに焦点を当てた言葉といえるでしょう。

第 4 章

AI に関連した資格

67 G検定

> AIだけではなく、ディープラーニングや機械学習の個別手法といった技術群を広範囲かつバランス良くカバーしている検定試験です。

「G検定（ジェネラリスト検定）」は日本ディープラーニング協会（JDLA）が実施する、AI・ディープラーニング活用リテラシーを習得するための検定試験です。G検定とは別に、エンジニア向けのE資格（エンジニア資格）もあります。

G検定はAIだけではなく、ディープラーニングや機械学習の個別手法といった技術群を広範囲かつバランス良くカバーしているため、ビジネスでAIを活用しようとする人たちに注目されています。

加えて、AIプロジェクトの計画や必要なデータの収集、法律や倫理といった実務に即した内容もしっかりと含まれているのです。

また、ソフトウエア・情報サービス業だけでなく、製造業や金融業といった、いわゆるユーザー企業に所属する人の受験者が多いのも特徴です。それだけAI・ディープラーニングの技術が「身近で当たり前のもの」になってきた証拠でしょう。

今後、AIの開発などに携わる可能性があるのであれば、G検定に合格した後に、E資格の受験も検討してみるのも良いでしょう。

150　第4章　AIに関連した資格

試験の概要

試験名称	G検定（ジェネラリスト検定）
試験実施団体	日本ディープラーニング協会
実施概要	試験時間：120分 知識問題（多肢選択式・160問程度） オンライン実施（自宅受験・随時）
出題範囲	➡ 人工知能（AI）とは（人工知能の定義） ➡ 人工知能をめぐる動向 ➡ 機械学習の概要 ➡ ディープラーニングの概要 ➡ ディープラーニングの要素技術 ➡ AIの社会実装に向けて など
受験費用 （税込み）	一般：1万3,200円 学生：5,500円

出所）日本ディープラーニング協会（2024年12月時点の情報を基に作成）
https://www.jdla.org/certificate/general/

68

E資格

> AIエンジニアに必要なディープラーニングの知識や実装スキルを有しているかどうかを問う、AIエンジニアの専門スキルを認定する世界初の試験です。

「E資格（エンジニア資格）」は日本ディープラーニング協会（JDLA）が実施する、AIエンジニアとして必要なディープラーニングの知識や実装スキルを有しているかどうかを認定する試験です。E資格とは別に、AI・ディープラーニングに対するリテラシーを判定するG検定（ジェネラリスト検定）もあります。

E資格は、AIエンジニアを認定する世界初の資格ともいわれています。取得すればAIエンジニアとしての専門スキルを有していることを証明できるといえるでしょう。

誰でも受けられるG検定とは違い、E資格は「JDLA認定プログラム」を試験日からさかのぼって2年以内に修了していないと受験できないので注意が必要です。JDLAは、ディープラーニングの理論を理解し、適切な手法を選択して実装する能力を持つ人材を育成する講座をJDLA認定プログラムとして認定推奨しています。

試験ではディープラーニングの実装に関する問題が出題されます。試験開始時に機械学習の専用のライブラリ／フレームワークである「PyTorch」か「TensorFlow」のどちらかを選択する必要があることも押さえておく必要があります。

152　第4章　AIに関連した資格

試験の概要

試験名称	E資格（エンジニア資格）
試験実施団体	日本ディープラーニング協会
実施概要	試験時間：120分 知識問題（多肢選択式・100問程度） CBT方式で随時実施
出題範囲	➡ 数学的基礎 ➡ 機械学習 ➡ 深層学習の基礎 ➡ 深層学習の応用 ➡ 開発・運用環境
受験費用 （税込み）	一般：3万3,000円 学生：2万2,000円

出所）日本ディープラーニング協会（2024年12月時点の情報を基に作成）
https://www.jdla.org/certificate/engineer/

69 AI実装検定（S級）

> AIに必要な体系的なディープラーニングの実装知識とスキルを検定する、AI関連で最難関の試験です。

「AI実装検定」は、AIに必要な体系的なディープラーニングの実装知識とスキルを検定する試験です。AI実装検定実行委員会（AIEO）が主催しています。

AI実装検定は「B級」「A級」「S級」の３つの認定レベルがあり、特にS級はAI関連の難関資格であるE資格のレベルを上回ることを意識した設定となっています。AI実装検定のS級はAI関連の最難関資格といっても過言ではないでしょう。

加えてS級は、AIの実装力だけではなく、画像処理をメインとした実践的な力と、自然言語処理や有名モデルの実装といった応用的な技術に対しても挑戦できる力を認定しています。

S級を目指すためには、エントリーレベルのB級からスタートして、G検定→AI実装検定のA級→E資格の順に取得していき、AI技術者としてビジネスで活躍できる力を段階的に身に付けていくことが王道だといえます。

なお、AI実装検定の合格者には「ディープラーニング実装師」の称号が付与されます。

154　第4章　AIに関連した資格

試験の概要

試験名称	AI実装検定（S級）
試験実施団体	AI実装検定実行委員会（AIEO）
実施概要	試験時間：60分 知識問題（四肢択一・50問） CBT方式で随時実施
出題範囲	NLP ➡ seq2seq ➡Transformer ➡HRED ➡Word2Vec（Skip-gram） Model ➡VGG ➡GoogLeNet ➡ResNet/WideResNet ➡MobileNet ➡EfficientNet ➡DenseNet
受験費用 （税込み）	3万3,000円

出所）AI実装検定実行委員会（2024年12月の情報を基に作成）https://kentei.ai/

70

Python3エンジニア認定データ分析試験

> **Python**を使った基本的なデータ分析をする能力とともに、定番として使われるライブラリの使い方を問います。

プログラミング言語のPythonはAI分野に活用され始めており、需要が高まるといわれています。「Python 3 エンジニア認定データ分析試験」はPythonエンジニア育成推進協会が主催する、Pythonとそのライブラリを使って、基本的なデータ分析をする能力を検定するための試験です。

この試験は2020年に始まった新しい試験です。以前はAIエンジニアやデータサイエンティストでも、Pythonの基本的な文法やデータ構造、クラス、標準ライブラリなどについて問われる「Python 3 エンジニア認定基礎試験」を受けていました。しかし、Pythonユーザーはもっぱら、スマートフォンのアプリ開発やWebプログラミングに使う人たちと、データ分析のみに使う人たちに分かれています。そのために試験区分が分けられたのでしょう。

「Python 3 エンジニア認定データ分析試験」は、データ分析の定番として使われる「NumPy（数値計算の効率化）」「pandas（データ解析の支援）」「Matplotlib（NumPyのグラフ描写支援）」といったライブラリの使い方が主に問われます。

データ分析の結果を、AIに連携しなくてはならない場面も想定されるため、Python 3 エンジニア認定基礎試験を先に受けておいても、損はありません。

試験の概要

試験名称	Python 3 エンジニア認定データ分析試験
試験実施団体	Pythonエンジニア育成推進協会
実施概要	試験時間：60分 出題形式：多肢選択式 CBT方式で随時実施
出題範囲	1.データエンジニアの役割 2.Pythonと環境 　2-1.実行環境構築 　2-2.Pythonの基礎 　2-3.JupyterLab 3.数学の基礎 　3-1.数式を読むための基礎知識 　3-2.線形代数 　3-3.基礎解析 　3-4.確率と統計 4.ライブラリによる分析実践 　4-1.NumPy 　4-2.pandas 　4-3.Matplotlib 　4-4.scikit-learn 5.応用：データ収集と加工
受験費用 （税込み）	一般：1万1,000円 学生：5,500円

出所）Pythonエンジニア育成推進協会（2024年12月時点の情報を基に作成）
https://www.pythonic-exam.com/exam/analyist

71 AWS認定AI プラクティショナー

> AWS のサービスをベースにした、人工知能、機械学習（ML）、生成 AI に関する高い知識があることを証明するための試験。ソリューションを構築できるまでのレベルは求められていません。

「AWS認定AIプラクティショナー（AWS Certified AI Practitioner）」はAmazon Web Services（AWS）が実施する、AWS のサービスをベースにした、AI、機械学習（ML）、生成 AI に関する高い知識があることを証明するための試験です。

　対象受験者は、「AWSのAI／MLテクノロジーを使用するソリューションを熟知してはいるが、必ずしも構築するわけではないという個人」となっています。レベルもAWSの認定の中で一番下の「Foundational（AWSクラウドの基礎的な理解を目的とした知識ベースの認定）」であり、事前の実務経験を必要としていません。業務でAWSを活用する可能性が少しでもあるのであれば、手始めに取得するのにふさわしい認定資格といえます。

　ビジネスでAIを活用しようとするのであれば、何かしらのクラウドサービスを使うことは不可避です。主要なクラウドサービスが実施するAIの名を冠した試験はまだ少ないため、今のうちに取得しておくと、希少性が高い認定を保有していることがアピールできるでしょう。

158　第4章　AI に関連した資格

試験の概要

試験名称	AWS認定AIプラクティショナー （AWS Certified AI Practitioner）
試験実施団体	米Amazon Web Services
実施概要	試験時間：90分 出題形式：択一選択肢式や複数回答式など テストセンター（CBT方式）またはオンラインでの監督付きで随時実施
試験範囲	第1分野：AIとMLの基礎 第2分野：生成AIの基礎 第3分野：基礎モデルの応用 第4分野：責任あるAIに関するガイドライン 第5分野：AIソリューションのセキュリティ、 　　　　　コンプライアンス、ガバナンス
受験費用	100米ドル

出所）Amazon Web ServicesのWebサイトを基に作成（2024年12月時点）
https://aws.amazon.com/jp/certification/certified-ai-practitioner/

72 AWS認定マシンラーニングエンジニアアソシエイト

▶ 主にAWSのサービスを活用した人工知能や機械学習の開発者を対象とする試験です。

「AWS認定マシンラーニングエンジニアアソシエイト（AWS Certified Machine Learning Engineer - Associate）」はAmazon Web Services（AWS）が実施する、AWSのサービスを活用したAIや機械学習の開発またはデータサイエンスの担当者を対象とする試験です。

AWSは、Google、Microsoftを合わせた3大クラウドベンダーの中で一番の老舗であり、AIエンジニアとデータサイエンティストからの注目を集めています。一方、AWSの認定資格の中でもシステム開発系の試験区分と比べると、AWS認定マシンラーニングエンジニアの受験者数はまだ多くなさそうです。

他のベンダー資格にもいえることですが、日常的にそのベンダーのクラウドサービスを使って業務をしていればいるほど、圧倒的に有利に試験をパスできます。

特にAWSはクラウドサービスの草分けとしてのプライドがあるためか、データエンジニアリングについての機能が充実しています。それゆえAWS認定データ分析の試験内容もデータエンジニアリングの比重が高くなっています。

AWSには「Amazon SageMaker」のように、機械学習のモデルを柔軟に構築できるサービスがあります。AWSを重用するデータサイエンティストであれば、受験を検討する価値がある資格といえるでしょう。

試験の概要

試験名称	AWS認定マシンラーニングエンジニアアソシエイト（AWS Certified Machine Learning Engineer - Associate）
試験実施団体	米Amazon Web Services
実施概要	試験時間：130分 出題形式：択一選択肢式や複数回答式など テストセンター（CBT方式）またはオンラインでの監督付きで随時実施
試験範囲	第1分野：機械学習（ML）のためのデータ準備 第2分野：ML モデルの開発 第3分野：ML ワークフローのデプロイとオーケストレーション 第4分野：ML ソリューションのモニタリング、保守、セキュリティ
受験費用	150米ドル

出所）Amazon Web ServicesのWebサイトを基に作成（2024年12月時点）
https://aws.amazon.com/jp/certification/certified-machine-learning-engineer-associate/

73 Google認定 データエンジニア

> Google Cloudを活用したデータ分析に関連する処理や分析の能力を認定する試験。Google Cloudをデータ分析の基盤とする人たちの支持を集めています。

「Google認定データエンジニア（Professional Data Engineer）」は米Googleが主催する、Google Cloud を使用したデータ処理や分析ソリューションの設計・管理能力を認定する試験です。

Google Cloudは、クラウドサービスの先駆者として市場を切り開いたAWSに、一歩後れをとった感は否めません。

ですがGoogle Cloudには、データウエアハウスサービスの「BigQuery」や、データ処理支援の「Dataflow」といった、データ分析に必要なコンポーネント（ソフトウエア部品）が充実しており、データ分析業務を行う人たちの支持を集めています。

Professional Data Engineerは名称が示す通り、データエンジニアリングに特化した資格であることは間違いありません。ですが、AIエンジニアとしてGoogle Cloudのデータ分析に関わるコンポーネントを使いこなしたいのであれば、習得しておいて損はない資格だといえます。

また、GoogleのWebサイトにはもちろん「Coursera」や「Udemy」といった学習サイトにコンテンツが数多くあるため、他のベンダー資格に比べて、自習しやすい資格といえます。

Googleには「Colaboratory（Colab）」というPythonの実行環境もあり、Webブラウザがあればすぐに機械学習のプロジェクトが実施できるのもGoogle Cloudの魅力です。

試験の概要

試験名称	Google認定データエンジニア (Professional Data Engineer)
試験実施団体	米Google
実施概要	試験時間：120分 出題形式：多肢選択式 遠隔監視オンライン試験を受験、もしくはテストセンターでオンサイト監視試験を受験
試験範囲	・データ処理システムの設計 ・データの取り込みと処理 ・データの保存 ・分析用データを準備して使用する ・データ ワークロードの維持と自動化
受験費用 （税別）	200米ドル

出所）Google Cloud のWebサイトを基に作成（2024年12月時点）
https://cloud.google.com/learn/certification/data-engineer?hl=ja
https://cloud.google.com/certification/guides/data-engineer/?hl=ja

74 Microsoft認定 Azure AIエンジニア

> **Microsoftが提供するクラウドサービス「Microsoft Azure」でのAIソリューションの設計と実装の能力を認定する試験。**

「Microsoft認定Azure AIエンジニア（Azure AI Engineer Associate）」は米Microsoft（マイクロソフト）が提供するクラウドサービス「Microsoft Azure」を活用したAIサービスやAI検索、またOpenAIの提供するサービスを使用したAIソリューションを設計して実装する能力を認定する試験です。

Microsoft Azure認定資格は、技術者として担う役割に応じて、体系的に用意されています。そのレベルも初級（Fundamentals）、中級（AssociateまたはSpecialty）、上級（Expert）に分かれています。AIエンジニアの資格は中級に位置づけられています。

Microsoft認定プログラムは会員サイトにて、特典として最新の技術と製品などの情報を提供するなど、資格取得者への手厚いサポートがあることが特長です。

この試験もシステム開発系の試験区分と比べると、受験者数はまだ多くなさそうですが、マイクロソフトが持つ強力な企業の顧客基盤を活用して、システムとデータ分析を組み合わせた展開が期待できます。

例えばMicrosoft Azureには「Azure IoT Hub」という、IoTデバイスからクラウドにデータを取り込むためのサービスがあります。工場を持つ製造業といった「領域特化型」のデータエンジニアリングを行うために、認定資格が重宝する可能性があります。

試験の概要

試験名称	Microsoft認定Azure AIエンジニア（Azure AI Engineer Associate）
試験実施団体	米Microsoft
実施概要	試験時間：100分 出題形式：多肢選択式 試験監督付きオンライン試験およびテストセンター（CBT方式）で随時実施
評価されるスキル	➡ Azure AI ソリューションの計画と管理 ➡ コンテンツ モデレーション ソリューションを実装する ➡ コンピュータ ビジョン ソリューションを実装する ➡ 自然言語処理のソリューションを実装する ➡ ナレッジ マイニングとドキュメント インテリジェンス ソリューションを実装する ➡ 生成 AI ソリューションを実装する
受験費用	2万300円（2024年12月現在） ※試験が監督されている国または地域に基づく価格

出所）日本マイクロソフトのWebサイトを基に作成（2024年12月時点）
https://learn.microsoft.com/ja-jp/credentials/certifications/azure-ai-engineer/?practice-assessment-type=certification

75 データサイエンティスト検定（リテラシーレベル）

▶ データサイエンティストに要求される能力をバランス良く把握できる、AIの利活用が強く意識された試験。

「データサイエンティスト検定（リテラシーレベル）」は、データサイエンティストに必要な3つのスキルセット、①データサイエンス力、②データエンジニアリング力、③ビジネス力について、それぞれ見習いレベルの実務能力や知識などを有していることを証明するための試験です。この試験を主催するのは、データサイエンティスト協会です。

データサイエンティスト協会は、データサイエンティストに必要なスキルや知識を、「スキルチェックリスト」「タスクリスト」という形で定義し、高度IT人材の育成と業界の健全な発展への貢献、啓発活動を行ってきました。

そして、スキルレベルを上位から、①業界を代表するレベル、②棟梁レベル、③独り立ちレベル、④見習い（リテラシー）レベルに定義しています。

データサイエンティスト検定は、バランス良くデータサイエンティストとしての能力が把握できる試験でありながら、AIの利活用を強く意識したものだといえます。2021年度に第1回が開催されたばかりで歴史は浅いのですが、2024年度は年3回実施され、今後も受験者数が増えることが予想されます。さらに上位レベルの試験カテゴリーの開設も検討されていることから、データサイエンティスト向け試験のデファクトスタンダードとなる可能性を秘めています。

試験の概要

試験名称	データサイエンティスト検定（リテラシーレベル）
試験実施団体	データサイエンティスト協会
実施概要	試験時間：90分 出題形式：多肢選択式 CBT方式で年3回（3月、6月、11月）実施
試験範囲	1.社会におけるデータ・AI利活用 　1-1.社会で起きている変化 　1-2.社会で活用されているデータ 　1-3.データ・AIの活用領域 　1-4.データ・AI利活用のための技術 　1-5.データ・AI利活用の現場 　1-6.データ・AI利活用の最新動向 2.データリテラシー 　2-1.データを読む 　2-2.データを説明する 　2-3.データを扱う 3.データ・AI利活用における留意事項 　3-1.データ・AIを扱う上での留意事項 　3-2.データ・AIを守る上での留意事項
受験費用 （税込み）	一般：1万1,000円 学生：5,500円

出所）データサイエンティスト協会の情報を基に作成（2024年12月時点）
https://www.datascientist.or.jp/dscertification/

「すべてのモデルは間違っているが、一部は役に立つ」
(ジョージ・E・P・ボックス)

　ジョージ・E・P・ボックス氏は、イギリスの統計学者で「20世紀の偉大な統計学者の1人」と呼ばれています。この言葉は、数学的なモデルの限界や価値を表現した有名な言葉の1つです。

　AIや機械学習におけるモデルは、現実社会を簡略化・抽象化したものです。可能な限り正確に表現しようとしますが、現実社会は複雑で、多くの要素が絡み合っており、モデルは一部の側面だけを切り取る形にならざるを得ません。

　この言葉は「モデルは現実を完全に表現することはできないが、適切に利用すれば有益な洞察を得られる」という考え方を示しています。完全ではないまでも、モデルのおかげでAIや機械学習は意思決定のサポートなどに役立つのです。

　モデルの欠陥を認識したうえで、目的に応じてモデルを活用することの重要性を説いているといえます。統計学やAIの分野で基本となる考え方の1つです。

第 5 章

AIのビジネス利用の
実態

76

生成AI導入の日米格差

> 日本における生成AIのビジネスへの導入は遅れています。米国と比べて導入率の水準が低いだけではなく、導入の伸び率の面でも大きく差がついています。

　生成AIの導入率について日米における差を見たものが右図です。データサイエンティスト協会が実施した調査で、日米の一般就労者を対象に生成AIが業務の中で導入されているかどうかを調査した結果となっています。

　生成AIのツールやアプリケーションの業務での利用率は、日本は2023年が4.2%、2024年には5.4%となっています。これに対し米国では2023年が15.4%、2024年は27.2%と11.8ポイント高まっています。2022年11月にChatGPTの提供が始まり、「生成AI」という言葉が使われ始めしたが、日本のビジネスにおける浸透率は低いと言わざるを得ません。

　米国と比べて導入率の水準が低いだけではなく、日本は2023年から2024年にかけての伸び率が低いことが特筆されます。2023年は生成AIが導入されて間もないタイミングであり、IT先進国である米国と比べて低いことは仕方ないですが、生成AIが一般化した2024年にさらに差が広がりました。

　日本で生成AIの導入水準が低いのは、AIに対する国家戦略などで米国に後れをとり、企業の生成AIに対する意識が低く、AI関連の研究開発への投資や、人材育成が十分に行われてこなかったことにあります。「導入しなくても困らない」「導入は面倒だ」などの意識における障壁もあるといえます。今後は、AIを業務に反映しなければ世界的な競争の中で生き残れないという意識を就労者自らが持つことが重要です。

170　第5章　AIのビジネス利用の実態

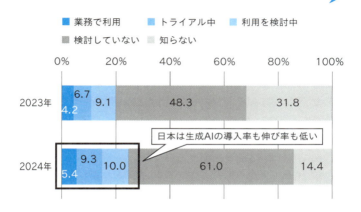

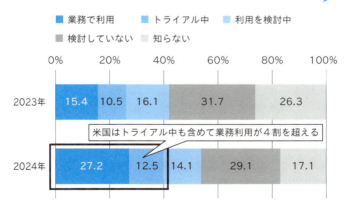

出所）データサイエンティスト協会「一般ビジネスパーソン調査（国際比較）」2024年を基に作成。対象は20〜69歳のビジネスパーソン。日本2,000サンプル、米国は1,000サンプル

77 生成AIの導入が進む業界

> 日本ではIT・通信業や製造業などでの生成AI導入が進んでいるものの、米国と比べると生成AIの導入は大きく遅れています。米国では、金融・保険業でも導入が進んでいます。

業界別の生成AIの導入率について日米の水準を比較したものが右図です。生成AIの導入率は、全業界でみると日本が5.4%、米国が27.2%でした。これを回答者が働いている業界別に集計した結果となっています。

日本では製造業（産業機械／自動車）や、IT・通信業における導入率が高くなっています。米国の水準と比べると大きな差がありますが、今後もこれらの業界において生成AIの導入が進んでいく見込みです。

製造業では、開発・設計・デザイン、需要予測、製造・生産、保守・サービスなどの分野で生成AIの導入が進んでいくと考えられます。IT・通信業は、大量のデータを保有していることから生成AIを活用しやすい環境にあり、サービス開発、管理・オペレーション、マーケティングなどの分野での導入が進んでいます。

すべての業界において日米の導入率に差がありますが、生成AIと相性が良いIT・通信では、米国は導入率が71%です。また、建設・土木・工業や金融・保険でも導入率に大きな差があります。金融業界では、金融とITを結びつけたフィンテックにおいて生成AIの導入が進んでいますが、日本における導入は遅れています。日本では、ほとんど生成AIが導入されていない教育・学習支援や医療・福祉などのサービス業でも米国では導入が進んでいます。

業界別の生成AI導入率（就労者の企業が所属する業界別）

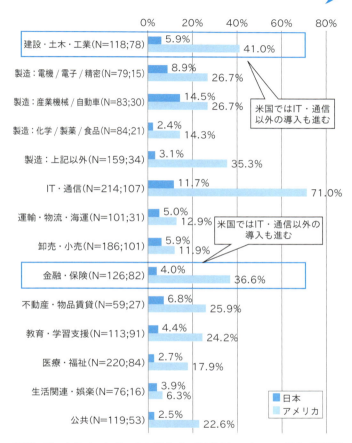

出所）データサイエンティスト協会「一般ビジネスパーソン調査（国際比較）」、2024年

78

製品の開発・デザイン

> 製品デザインや構造設計にAIの活用が進んだ結果、デザイナーや設計者は、AIが提案する多様なアイデアや効率的な設計支援を活かし、より創造的な開発を実現できるようになりました。

AIは製品デザインの分野で、画期的な変革をもたらす可能性を秘めています。生成AIは過去のデザインデータや市場トレンドを学習し、それらに基づいた新しいデザイン案を自動的に提案できます。これにより、形状、機能、素材、色彩といった多様な要素について、短時間で豊富なアイデアを提供できるため、デザイナーはより幅広い発想を得ることが可能になります。

飲料メーカーの伊藤園は、2023年9月に発売された「お〜いお茶 カテキン緑茶」において、AIが生成した複数のデザイン案を基にデザイナーが修正を加えることで、最終的なデザインを完成させる取り組みを行いました。

AIの活用は製品の外観デザインだけにとどまりません。構造設計の分野でもその影響は広がっています。パナソニックは、電動シェーバー「ラムダッシュ」の新構造ムーバー設計にAIの活用を進めています。AIがムーバーの構造を設計し、性能をシミュレーションする進化的なアルゴリズムを用いた結果、熟練技術者の設計を上回る15%の高出力を実現。実用レベルに達する新しい構造設計を生み出しました。

このように、AIはデザイナーや設計者にとって、効率性と創造性を高める強力な支援ツールとして、これからの製品開発をさらに革新していくでしょう。

174　第5章　AIのビジネス利用の実態

製品の開発・デザイン

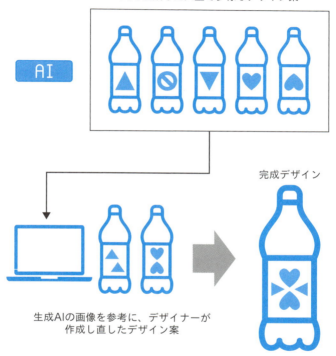

79

問い合わせ対応

> AIを活用した問い合わせ対応は、ルールベースや機械学習から生成AIの活用へと進化。複雑な問題の解決や個別対応が可能となり、新たな段階へと突入しています。

　AIを活用した問い合わせ対応の歴史は、ルールベースのシステムから始まりました。初期のチャットボットやFAQシステムは、事前に設定されたキーワードやシナリオに基づいて固定的な応答を返すものでした。2010年代に入り、機械学習を活用したシステムによって、柔軟な回答や問い合わせ内容の自動分類が可能になりましたが、学習データに依存するため、新しい質問や高度なトラブルシューティングには対応が不十分でした。

　これらの課題を解決したのが、2020年代に登場した生成AIです。特に大規模言語モデル（LLM）の進化により、生成AIは文脈やニュアンスを深く理解し、定型外の質問にも柔軟に対応できるようになりました。LLMは膨大なテキストデータを事前学習しており、リアルタイムで的確な回答を生成するだけでなく、高度な専門的対応や多言語対応も可能にしています。さらに、RAG（検索拡張生成）の技術が加わることで、生成AIは事前学習のデータだけに頼らず、外部の知識データベースや最新の情報を取り入れて回答を生成できるようになりました。

　このようなAIの進化により、問い合わせ対応は効率化と顧客満足度の向上を同時に実現するだけでなく、より高度な知識が求められる対応や迅速な問題解決も可能となり、新たな段階へと突入しています。

176　第5章　AIのビジネス利用の実態

問い合わせ対応に活用された技術の変遷

ルールベース（1960〜1990年代）
あらかじめ設定された「もし〜ならば〜」のルールに従って動作。ユーザーからの問い合わせに対して、これらのルールを照合し、対応する回答を提供する

⬇

テキスト解析ベース（1990〜2010年代）
キーワードマッチングやテキストマイニング技術を使用して、ユーザーの問い合わせ内容を解析し、最適な回答を提示する

⬇

機械学習・深層学習ベース（2000〜2020年代）
大量のデータを用いてモデルを訓練し、ユーザーの問い合わせに対する最適な回答を予測・生成。自然言語処理（NLP）技術を活用し、意図の理解や分類を行う

⬇

生成AI（LLM等）ベース（2020年代〜）
大規模言語モデル（LLM）を活用して、ユーザーの問い合わせに対して高度に自然な回答を生成する。文脈を理解し、多様な表現で応答を作り出す能力がある

80 商品説明の自動作成

▶ オンラインショッピングの拡大に伴い、生成AIを活用した商品説明の自動生成が注目されています。LLMの活用により、自然で魅力的な説明文を生成できるようになります。

オンラインショッピングの拡大に伴い、膨大な商品を扱うプラットフォームでは、商品説明文を手作業で作成することが大きな課題となっています。この問題を解決する方法として、生成AIを活用した商品説明の自動生成が注目されています。

生成AI技術の1つである大規模言語モデル（LLM）を活用すると、商品の特徴や仕様を基に、人間が書いたような自然で魅力的な説明文を自動で作成することが可能です。これにより、膨大な商品カタログの管理を効率化できるだけでなく、消費者の嗜好や市場ごとのニーズに合わせた説明文を柔軟に作成できるようになります。LLMは多言語対応にも優れており、異なる国や地域向けに自然で正確な翻訳を含む商品説明を提供することで、ビジネスのグローバル展開を強力に支援します。

ただし、生成された説明文の中には、内容が不正確であったり、一貫性を欠いたりするものが含まれることがあります。そのため生成AIの活用では、品質を確保するための人間による監修が必要となります。

生成AIは急速に進化しており、商品説明の自動生成における実用性を高め続けています。今後、この技術は効率的で柔軟な商品情報の提供を支える基盤として、さらに広範に活用されることが期待されています。

商品説明の自動作成

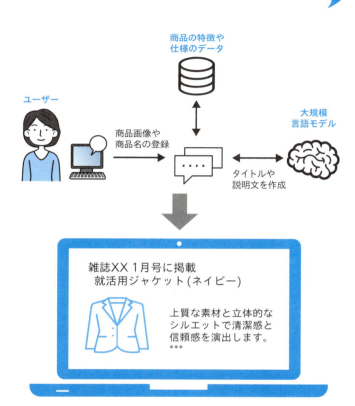

81 広告コンテンツの作成

> 生成AIの進化で広告コンテンツ作成が効率化し、短期間で多様な表現が可能になりました。ブランディングや購入促進など、さまざまな目的の広告制作が迅速に行えます。

広告コンテンツには、ブランドの認知度向上やイメージ形成を目指すものと、消費者に特定の行動（購入、クリック、登録など）を促し、直接的な反応を得ることを目的とするものがあります。前者の例としてはテレビCMやソーシャルメディアのストーリーテリング動画、後者にはバナー広告やSNS広告、電子メール広告などが挙げられます。従来、こうした広告コンテンツの作成には多大なコストと時間がかかっていましたが、生成AIの進化により大きな変革が起きています。

飲料メーカーの伊藤園は2023年9月に生成AIによるAIタレントを起用したCM動画を公開し、大きな話題を呼びました。2024年には米国のトイザらすが、米OpenAIの動画生成AI「Sora」を用いたブランディング広告動画を発表しています。また、2023年11月にはGoogleが広告配信サービス「Performance Max（P-MAX）」に生成AI機能を搭載し、クリック操作やテキスト入力のみで広告用の見出しや説明文、画像が自動生成できる機能を提供しました。

これまで、独自性が高く質の良い広告コンテンツの制作には多大な労力が必要でしたが、生成AIツールにより、広告主は短時間で多様なコンテンツを作成できるようになりました。こうした広告業務における生成AIの活用は、今後ますます広がると予想されます。

広告コンテンツの作成

マーケティング担当者、クリエイター

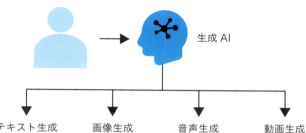

生成AI

テキスト生成

・広告コピー
・見出し文
・商品説明文
・DM文面
・SNS投稿文
・キャッチ
　フレーズ
　など

画像生成

・広告バナー
・背景画像
・イラスト
・ロゴ
・キャラクター
　など

音声生成

・ナレーション
・サウンドロゴ
・キャラクター
　ボイス
　など

動画生成

・ブランド動画
・デモ動画
・SNS向け
　ショート動画
・プロモーション
　動画
　など

82 保険リスクの算定

> **AIを活用した保険のリスク算定は、多様なデータを分析し、複雑なパターンを抽出することで、高精度な予測と評価を実現します。**

AIを活用した保険のリスク算定は、従来の統計モデルに基づく手法を大きく進化させ、精度と効率性を両立する新しいアプローチとして注目されています。従来の手法では、顧客属性や事故履歴、健康データなど多様なデータを十分に活用することが難しく、複雑な要因の正確な把握や、大量データの迅速な処理に限界がありました。

AIはこうした課題を解決するための効果的な手段を提供します。テキストや画像といった非構造化データを統合し、従来の構造化データと組み合わせて包括的な分析を可能にするだけでなく、機械学習モデルを活用して事故率や疾病リスクの複雑なパターンを抽出します。このようにして、従来の手法では見落とされていた要因も考慮に入れ、顧客にパーソナライズされた高精度なリスク算定を実現します。

一方で、AIの活用には課題も残されています。機械学習モデルのブラックボックス性が透明性の欠如を招くほか、学習データの偏りにより不公平な結果が生じるリスクがあります。また個人情報を扱うため、プライバシー保護やデータセキュリティの確保が欠かせません。

これらの課題はあるものの、AIの進化は保険業界に新たな可能性をもたらしており、より正確で柔軟なリスク評価を実現する基盤として今後ますます期待されています。

182　第5章　AIのビジネス利用の実態

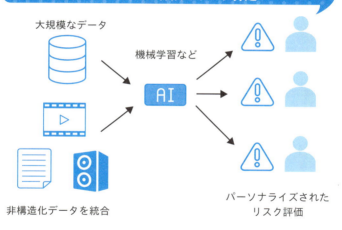

83

投資サポート

▶ AIは膨大なデータを処理し、市場予測やリスク管理を高精度かつ迅速に行うことで、投資家の意思決定を支援します。新しい情報提供サービスが、投資の可能性を広げます。

　AIは投資サポートにおいて、膨大なデータを処理し、投資家に価値ある洞察を提供する強力なツールとして注目されています。機械学習やディープラーニングの手法によって、過去の市場データを基に価格変動やリスク要因の複雑なパターンを学習し、高精度で将来の市場動向を予測します。従来のシステムでは対応が難しかった市場の急激な変動にも、AIの高速処理能力で対応可能です。

　AIのもう1つの強みは、多様なデータを統合して包括的な分析を行う能力です。ニュース記事やソーシャルメディアの投稿、リアルタイムの市場データなど、さまざまな形式のデータを処理し、分析結果を分かりやすく提示することで、投資家の意思決定を強力にサポートします。特に、大規模言語モデル（LLM）の活用により、これらのデータから洞察を抽出する新しいサービスが登場し、より迅速で精度の高いサポートを提供しています。

　テックスタートアップ企業のxenodata lab.は、経済予測に特化した言語モデル「SPECKTLAM」を開発し、経済ニュースや企業の公開資料を解析して、解説や要約を自動生成するソリューションを提供しています。

　AIの進化は投資家にとって透明性と精度を向上させ、新しい投資の可能性を切り開いています。AIを活用したサービスにより、投資の未来はさらに広がりを見せるでしょう。

大規模言語モデル（LLM）を活用して複数のデータから洞察を抽出

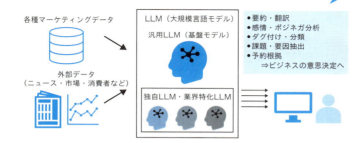

xenodata lab.が開発した経済予測に特化した言語モデル「SPECKTLAM」

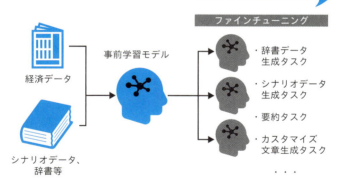

出所）xenoBrainのWebサイトを基に作成
https://service.xenobrain.jp/generative-ai

84

コード生成

> AIは自然言語からコードを生成し、プログラミングの効率と品質を大幅に向上させます。「GitHub Copilot」などのツールは、開発者の生産性向上に貢献します。

　AIはプログラミングの効率と品質を飛躍的に向上させています。初心者が抱える学習の難しさや、熟練者が直面する複雑な要件への対応の負担を軽減するため、生成AIは自然言語の指示から即座にコードを生成する能力を提供します。

　「GitHub Copilot」は、自然言語の入力やコードの一部を基に、次に書くべきコードを提案したり、関数全体を生成したりするツールです。これにより繰り返し作業や初期の実装プロセスが大幅に短縮され、開発者はより重要なタスクに集中できます。

　また、AIはリアルタイムのコード補完だけでなく、既存コードの品質向上にも貢献します。スタイルの一貫性やロジックの整合性を自動でチェックし、改善案を提示することで、コードレビューの負担を軽減します。さらに、AIはプロジェクトの要件に基づき、再利用性の高いコードや適切な設計パターンを提案し、プロジェクトの進行をスムーズにする環境を提供します。過去のコードを学習してプロジェクト特有の実装方法を理解し、それに基づいた最適な補完を行うことも可能です。

　生成AIの活用は単なるコード生成にとどまらず、プログラミング全体のプロセスを効率化し、品質向上を支援します。こうしたツールは、従来のコーディング作業を根本から変革し、開発者の創造性をさらに引き出す可能性を秘めています。

プログラミングにおけるAIの活用用途例

用途	概要
コード生成の自動化	自然言語で記述された要件や仕様に基づいて、自動的にコードを生成する
バグ検出と修正支援	コード内の潜在的なバグやエラーを自動的に検出し、修正案を提案する
コードレビューの効率化	プログラムの書き方やベストプラクティスに基づいて、コードのチェックを自動で行う
ドキュメント生成	プログラムコードから、自動的に技術的な説明書やAPIのガイドを作成する
学習とトレーニングの支援	新しいプログラミング言語やフレームワークの学習をサポートするチュートリアルやサンプルコードを提供する
コードの最適化	パフォーマンス向上やリソース効率化のために自動的に最適化されたコードを生成する
テストケースの自動生成	コードに基づいたテストケースやユニットテストを自動で生成する
コードの変換	既存のコードを異なるプログラミング言語へ自動的に変換する
プロジェクト管理とタスク自動化	プロジェクトの進捗管理やタスクの自動化を支援する

85

AIプロジェクトの
失敗原因と対策

▶ 多くのAIプロジェクトが期待通りの成果を上げられない中、課題の明確化やインフラ整備などの対策を講じることで、成功率を高める方法が求められています。

AIの導入プロジェクトの成功率を高めるには、失敗の原因を深く理解し、適切な対策を講じることが重要です。米国シンクタンクのランド研究所のレポートによれば、AIプロジェクトの失敗率は推定で80％以上と高く、これは通常のITプロジェクトの約2倍に相当します。

AIプロジェクトが失敗する主な原因には、解決すべき課題を正しく認識できないことや、AIが解決可能な範囲と組織の期待に大きなギャップが生じることがあります。また高品質なデータの不足や、最新技術への過度な依存、実際の課題解決を軽視する姿勢も問題です。AIやデータサイエンスに関する知識が不足しているメンバーだけで進められるプロジェクトや、AIに非現実的な期待を抱くことも失敗の要因となります。

成功に向けては、まずプロジェクトの目的や課題を明確化し、関係者全員が共有することが重要です。また、高品質なデータを得るためのシステム投資を行うことも成功に寄与します。さらにAIに対して適切な知識を持ち、必要に応じて外部の専門家にも参加してもらうことでAIの限界を正しく理解し、現実的な目標に焦点を当てることが重要です。

これらの対策を講じることで、AIプロジェクトの失敗リスクを軽減し、多くのプロジェクトを成功に導く可能性が高まるでしょう。

188 第5章 AIのビジネス利用の実態

AIプロジェクトの主な失敗原因と対策

失敗原因		対策
解決すべき問題が間違っている、関係者同士で目的がうまく共有されていない		プロジェクトの目的やゴールを最初に明確にして、全員で共有する
AIを動かすのに必要なデータが不足していたり、データの質が悪い		AIに必要なデータが何かを整理し、効率的に収集する仕組みを構築する
最新技術に過剰依存し、実際の課題解決を軽視する		技術選定時に実用性を重視し、シンプルで効果的なアプローチを採用する
プロジェクトメンバーがAIやデータサイエンスに関する十分な知識を持っていない		必要なトレーニングや教育を実施し、必要に応じて外部の専門家をプロジェクトに参加させる
AIに過剰な期待を抱き、適用範囲を超えた目標を設定する		AIの限界を正しく理解し、現実的な目標を設定する

「データがなければ、あなたはただの意見を持つ人と同じだ」（エドワーズ・デミング）

　エドワーズ・デミング氏は、アメリカの統計学者で、企業経営に統計学的手法を導入したことで有名です。この言葉はデータに基づく意思決定の重要性を表したものです。

　デミング氏は1950年代に日本の企業経営者に統計的手法を用いた品質管理などを提唱していました。ビッグデータが話題になるよりもかなり前の時代で、日本企業に多大な影響を与えました。

　データが持つ客観性や、事実に基づいた意思決定の重要性を説明した言葉であり、データがない場合は主観的な判断になるという考え方を表しています。ビジネス、科学、教育、日常生活などのあらゆる場面における意思決定において、データに基づいたアプローチの重要性を説く普遍的なメッセージといえるでしょう。

第 6 章

AIによる未来の
ビジネス

86

マーケティング戦略を提案する営業・酒田夏樹

▶ 大手広告会社で営業部長を務める酒田夏樹には優秀な相棒のAIアシスタントがいます。スケジュール管理や企画立案、スキルアップまで支援するAIアシスタントとの生活の全貌は……。

「クライアントへの提案が〇月×日の午後3時に決まりました」

大手広告会社で営業部長を務めている酒田夏樹は、AIアシスタントの第一声で早朝に起こされると、眠い目をこすりながら言った。

「シンディ、AIペルソナ同士の会話はうまくいっている？」

AIペルソナとは、AIが生成したバーチャルな消費者のキャラクターである。酒田の会社とクライアントの会社の双方が、年齢、性別、居住地などを考えて典型的な性格のペルソナをそれぞれ生成し、ペルソナ同士に実際に議論させるのだ。

クライアントであるX建設が、満を持してオープンする商業施設とオフィスが一体となった複合ビル。そのヘビーユーザーとして、酒田の会社は働き盛りの独身女性を、X建設は出産したばかりの働く女性を、それぞれペルソナとして生成した。しかし独身女性の方は、あまりにも子連れを優先した設備や店舗のラインアップに難色を示しているのだ。

「そのあたりが議論のポイントだな」

そう言ってバスルームに消えようとしていた酒田をAIアシスタントが呼び止めた。

「そろそろ始めませんか？」

「始めるって、何を？」

「ロールプレイです」

そう言うと、タブレット端末の画面に映る、ブロンドヘアで青い目をした女性のAIアシスタントのアバターは、ロマンスグレーで体格の良い中年男性に変化した。

「こんな顔だったっけ、宣伝部の竹中課長って」

「本題に入る前のスモールトークは、セブンダラーズを話題にしてください」

「セブンダラーズって、ウチのオーストラリアの子会社がスポンサーになった、あのラグビーチーム？」

「はい。ただし、ラグビーの戦術のような本格的な話は避けてください。竹中課長は以前、日本で開催されたワールドカップでファンになった、いわゆる「ニワカファン」です。ですので、酒田さんがラグビーの全国大会で花園に出たことを知ってしまえば、かなり気後れしてしまいますし、酒田さんが時々飲み会で熱く語っている戦術論には、ついていけないはずです」

「……気をつけるよ」

「では始めます」

　そう言うシンディの声は、野太い男性の声に変わっていた。

「ご無沙汰しています、酒田さん」

「いやぁ、お会いしたかったですよ、竹中課長。そういえばラグビーがお好きでしたよね？」

「カット。ちょっと話題の入り方が唐突ですね」

「……相変わらず手厳しいな、シンディ」

87

新しい車をデザインする・喜市昭雄

> 大手自動車メーカーのデザイン部門に務める喜市昭雄は、技術進化で仕事が奪われているのを実感しています。AIが仕事を変える時代に喜市が発見したデザイナーができる役割とは……。

「赤ちゃんと出かけたくなる車かな」

　大手自動車メーカーのデザイン部門に勤務する喜市昭雄は、新しいファミリーカーのアイデアに行き詰まり、半分ふざけてどんな車がほしいかを妻に質問し、返ってきたその答えが、ずっと頭から離れなくなっていた。

　自動運転が当たり前になり、ネットワークにつながっていることが前提となった自家用車は、購入後に内蔵したソフトウエアをアップデートしていくことで、スマートフォンのように機能を拡充することが可能になった。これは、発売までに慌てて機能を盛り込む必要がないことを意味する。

　そればかりか、ペンタブレットで新しい車のスケッチをラフに描いた瞬間に、エンジニアリングや安全性能など、複雑な問題を解けるようにもなった。エキスパートシステムには、コンピュータ支援設計（CAE）で使われていた数理最適化の理論が応用されているからだ。

　カーデザイナーである自分にできることの少なさを思い知り、喜市はソファの上に寝そべった。中年太りした喜市の体の重みで、ソファがきしむ音が部屋に響いた。

「AIになくて俺にあるのは、この体くらいなものか……」

　しばらくソファに揺られていた喜市は、何かを思いついて飛び起きると、大学時代の友人で、大学病院に勤務している医師に電話をした。

194　第6章　AIによる未来のビジネス

「悪いな、こんな夜中に」

「今日は当直だから問題ないよ。どうした？」

「お前ベビー用品のメーカーに、AI用の学習データを提供しているって言っていたよな？　確か、赤ん坊の揺りかごの」

「ああ。それが車と何の関係があるんだ？」

「大ありだよ！　車はずっと不快な揺れを、どうやって吸収するか追求してきて、行きつくところまできてしまった。だから、逆に快適に揺らして、眠りやすくする車の座席を開発したいんだよ」

＊＊＊

　喜市のアイデアは驚きとともに社内に反響を巻き起こした。

　しかし赤ちゃんを快適に寝かしつけるだけの機能だと、市場が狭すぎるという問題も指摘された。

　そこで大人にも快適な眠りを提供できる座席の開発を検討することになったのだが、赤ちゃんと大人では、揺れによって眠気をもよおすメカニズムが違うことが分かった。赤ちゃんが揺れによって眠気をもよおすのは、母親の胎内にいた間の、羊水の中で常に揺れていたときの記憶を呼び起こすから、らしい。その学習データは手に入ったが、大人の学習データはイチから作らなくてはならない。

　まずは喜市が体を張って学習データを作ることになった。

88 スーパーで販売戦略を立案する・坂井和弥

> スーパーマーケットでエリアマネージャーを務める坂井和弥はAIを使いこなしながら販売戦略の立案業務をこなす。AIに従っていても対応できない問題が発生してしまい……。

坂井和弥は大手スーパーマーケットでエリアマネージャーをしている。

坂井が担当するエリアは、タワーマンションが林立する東京湾に面した新興住宅地だ。この地域は真新しい近未来的な建物が多く、外国人の居住者も多いため、エキゾチックな雰囲気を醸し出している。夕暮れ時になると、タワーマンションのベランダに夕食の食材を届けるため、無数のドローンが飛び交うことが日常だ。

最近は1カ月間の夕食の献立作成を、すべてスーパーマーケットに任せ、予算や食べ物の好みに合わせて毎日、食材を届けてもらう生活スタイルが主流になっている。肉や野菜をそのまま届けることはもちろん、すぐに煮たり焼いたりできるように食材がカットされていたり、レンジで温めるだけで済むように調理されていたりと、顧客の細かいリクエストにも応じている。

献立は複数の大規模言語モデル（LLM）を使って生成している。坂井の仕事は、生成された数多くの献立を見比べて、その日に主力とする献立を決めることと、それぞれのLLMに細かくフィードバックをして、献立の提案の品質を高めていくことだ。

そして今、坂井の会社が新たに売り出そうとしているのは、ベテランの主婦や主夫が作った手作りで出来立ての料理を毎

日届ける「家庭の味コース」だ。子供が巣立っていった家庭に、夕食を多めに作ってもらい、ドローンが回収して顧客に届けるのだ。高齢者向けのスポットワークとして、注目を集め始めている。

　坂井が担当するエリアは共働きの家庭が多いため、このコースはヒットしたが、どうしても注文を受けられない特定の地域があった。

　坂井は地図アプリで街の様子を写真で眺めてみた。特に変わった様子は見受けられなかったが、公共施設にある屋外トイレのマークの横に見慣れないマークを見つけた。それは、人が膝を曲げて、ひざまずいたようなマークだった。

「なんだこれ？」

　写真を拡大してみると、「礼拝室」という記述があった。この地域はイスラム教徒が多く居住しているため、公共施設にはトイレだけでなく礼拝室が必ず設けられているのだ。

「そういうことか……」

　イスラム教徒は、戒律で口にすることが禁じられている豚肉や酒類と同じ調理器具で調理したものはもちろん、同じ場所に保管したものですら、口にできないのだ。

「イスラムの戒律に則って調理したことを証明する方法は、確かハラル認証だったな。よし、本社に提案してみるか」

　ここに新しいビジネスチャンスが生まれた。

89

信託銀行で富裕層を相手にする・小林清花

> 信託銀行で富裕層向けの資産運用相談窓口の担当をする小林清花は、新人ながらAIエージェントの支援で活躍しています。AIよりも人間が活躍することがまだまだあるようです。

小林清花は大手信託銀行に新卒で入社した。

半年の新入社員研修が終わったその日に、配属先の発表があった。小林の配属先は、富裕層向けの資産運用相談窓口だった。

小林はファイナンシャルプランナーの資格こそ保有していたものの、特に社交性が高いわけでもない。自分がどうして年収や社会的地位の高い顧客のみを相手にする業務を与えられたのか、皆目分からなかった。

後日、就職活動中に世話になった人事部の先輩に理由を聞くと、「気が利くからかな」とだけ言われた。

＊＊＊

資産運用相談窓口には何の前触れもなく、いきなり相談の電話が入る。顧客の年齢層が高いため、チャットボットではなく、人と話すことを好む人が多いからだ。

経験の浅い小林にこの仕事が勤まっているのは、顧客と電話で話している内容をAIエージェントが把握し、リアルタイムでアドバイスがもらえるからだ。「話題を広げるきっかけとして、どのニュースやアナリストレポートを使うべきか」「どのような資産のポートフォリオを推奨すべきか」といったことである。

AIがなかった時代は、どれだけの労力と時間をかけて、これだけの情報を準備していたのだろうか。そんな想像をする

198　第6章　AIによる未来のビジネス

だけで、小林は気が遠くなった。

　そんなある日、遺言書の作成を支援している男性の顧客から、折り入って相談があると言われた。

「2人の子供に、揉めないように土地を分けられそうなのだけれど、お金を分けるのは、ちょっと抵抗があるんだよね」

「後々揉める原因になりそうだということでしょうか」

「それもあるんだが、社会貢献的なことに使えないかなって」

「つまり寄付されたいということですか」

「寄付だとそのお金を使い切ったら終わりでしょう。そうではなくて、少しずつでもいいから、長く使い続けてもらいたいんだよね。それこそ永久に」

　小林はチャットでAIエージェントにアドバイスを求めたが、この難問にはすぐに答えが出せないようだった。

「どんな社会貢献がよろしいですか？」

「そうだね……。私が生まれた家は貧しかったから、新聞配達して学費を稼いだんだ。そういう子供を助けたいね」

「ではAIで債権とローリスクなファンドを運用して、利益を奨学金の原資にするというのはいかがでしょうか。対象者の選定やお金の振り込みもAIに任せれば、それこそ永久に奨学金制度を続けられます」

「それは気の利いた提案だね」

　ヒトがAIを超えた瞬間だった。

90 人事システムを運用する・川鍋達敏

> 大手システムサービス会社で人事課長をしている川鍋達敏は、AIでも予測できなかった部下の辞職に直面しています。部下の悩みを解決し、引き留めるためにAIの知識を活用しようと考えました。

　大手システムサービス会社で人事課長をしている川鍋達敏は、退職願を提出してきた若手社員のプロフィルを、ぼんやりと眺めていた。

　川鍋の会社が導入している「タレントマーケットプレイス」というコンセプトをベースにした人事システムは、今まで人事部が扱ってきた社員の過去の配属先や業務内容、業績評価に加えて、社員がこれからチャレンジしたいと思っている業務や自己研鑽に励んでいる内容などの情報も蓄積している。それだけでなく、各部署の業務内容・量を分析し、今後必要となる労働力を割り出して、各部署の要望も加味しながら、AIが異動希望と人材配置を最適にマッチングしているのだ。マッチングした結果も、AIが異動希望者や各部署の担当者にその都度レコメンドするので、マッチングするためのタイムラグがほとんどない。

　タレントマーケットプレイスの導入後は、病気などのやむを得ない理由以外で、退職願が提出されることは皆無だった。それは人事課長である川鍋が、社員の働くモチベーションを最大化するため、AIをチューニングしてきた成果でもあった。

　川鍋は退職願を出してきた社員と面接することにした。

　「大学時代に世話になった先輩の会社が大変なことになっていて、たとえ週1日だけでも、何とか助けてもらえないか、と言われているのです。同業種だから、副業できないことは

200　第6章　AIによる未来のビジネス

分かっています。だから仕方ないんです」

　そう言うビデオ会議の画面に映った若者の表情は暗かった。

　川鍋は若者の悲壮な覚悟を感じ取り、提案を切り出した。

「その先輩の会社の人事システムとウチのシステムが連携できないか、聞いてみてもらえないかな」

「人事システムを、ですか」

「同業種の副業を禁止しているのは、顧客情報やノウハウといった機密情報が漏れる恐れがあるからだ。マシン・アンラーニングでお互いの会社の機密情報を守りながら、問題なく業務ができるようにすれば、同業である２つの会社での勤務が可能になる」

「本当ですか」

「本当だ。それに君の能力は、社外から持ってこられないしな」

「そんな……。私より優秀なSEなんて世の中にいくらでも……」

「いない。顧客に信頼され、プロジェクトメンバーに慕われて、なおかつ会社を愛している、君以上の人材はない」

「それは……」

「それに、君が会社を辞めたくないことは分かっている」

「……ありがとうございます」

「では早速、君の先輩の会社に、システム連携のお願いに行くとするかな」

91

コンテストを明日に控えた漫才師・ハイシーズ

▶ 漫才コンビ・ハイシーズはAIを使って科学的に「ウケる漫才」を作り出してました。AIに様々なデータをインプットしながら、ウケる漫才を追求していくものの……。

「明日の漫才コンテストのネタはこれでいこう」

漫才コンビ・ハイシーズのボケを担当している田原は、相方でツッコミ担当の今井に言った。

数年前から田原は「ウケる漫才」を科学的に分析して、ネタを考えることに取り組んでいた。過去のコンテストに参加した1万組以上のネタを録音し、会場のウケ度合いとの関係をデータベース化し、機械学習で分析した。ウケ度合いは会場の来場者の男女比、年齢などでも異なるため、笑い声の高さ（周波数）を基に標準化した。

「このネタはおもしろいと思うが、大爆笑をとれるかどうか不安だけれど大丈夫なのか」

とツッコミの今井は言った。

「膨大な時間をかけて分析した俺を信じてくれ、流れの中で絶対に大爆笑をとれる」

と田原は返した。

田原の分析は単純に他の漫才師のネタを真似するものではなかった。すべてのネタを大規模言語モデル（LLM）にかけて言語レベルで分解をした。ネタの中のそれぞれのボケについても、ダジャレ型、天然型、伏線回収型など、1つ1つ分類した。データサイエンティストが行うアノテーションだ。

LLMを使って分析することで、個々のボケがウケたかどうかではなく「どういう話の流れだったからウケたのか」ま

で分析できた。その結果、「どういうタイプのボケを、どのタイミングで言えばウケるのか」までモデル化できたのだ。あとは生成AIを使って漫才のネタを出力させれば出来上がりだ。

「最初に出てきたネタは、とてもウケるとは思わなかったが、我々の感覚をAIに覚えさせることで良くなった」と今井は雑誌のインタビューで答えていた。

AIモデルに人間の意図や価値観を学ばせることはアライメントといわれ、機械的だった生成AIが人々に受け入れられるようになった技術の1つだ。田原は、今井の意見を聞きながら「笑いのツボ」と言われるものをAIモデルに地道に学ばせた。最初はつまらないネタしか出力できなかったAIモデルも、みるみるおもしろいネタを出力するようになった。

「明日は、このネタを我々が演じきればいい」と田原。

「それが一番難しいかもな。ところで今回は、なぜこのネタが選ばれたんだ」と今井。

「俺にも分からない。ただ明日、他の漫才師たちの予想されるネタの内容、客層などもパラメータとして入力したら、このネタが出力されたんだ」と田原。

ネタが出力された理由はブラックボックスのところもあるようだ。

「あとはこのAIモデルと、自分たちの実力を信じよう」

「ダメなら明日の結果を入力し直して、ファインチューニング（追加学習）するだけだ」と田原が答えた。

翌日いつもの登場曲とともに、2人はせり上がりから舞台に消えていった。

「どーもー、ハイシーズです」。

92

若手育成に定評があるプロ野球のコーチ・佐々木光一

> プロ野球チームで投手コーチをしている佐々木光一は若手の育成に悩んでいた。データを活用した選手指導は当たり前になったものの効果はなかなか見えませんでした……。

「その投げ方をすれば、お前が投げるボールは絶対に打たれない」

プロ野球チームで投手コーチをしている佐々木光一は、将来のエースとして期待されている若手の左腕投手に声をかけた。

佐々木は投手コーチになってから、若手の指導方法に悩んでいた。投球に関するデータがあふれ、理論ばかりで頭でっかちになる選手への適切なコーチングの仕方を模索していた。数年前から野球界にもデータ革命が起こり、軍事技術を応用したトラッキングシステムが導入され、球速やコースだけではなく、ボールの回転数、回転軸、ボールを手から離す位置など、すべてがデータ化された。スポーツデータサイエンスだ。

投げ方を変えた効果はデータで示せても、「どう改善すれば良いか」までは伝えられず、感覚的な指導になっていた。

「もう少し、肘をあげてみたらどうか」

「もう少しとは、どれぐらいですか？」

「腕をムチのように"しならせる"と球が速くなるはずだ」

「どうすれば"しならせる"ことができるのですか？」

そんなやりとりが選手と続いた。

ある日、自動車の自動運転などに使われる世界モデルというAIモデルに出合った。大量の運転動画を基に、物理法則や

物体間の相互作用などを考慮して、ブレーキやハンドル操作などが、どのような結果につながるのかをシミュレーションできるものだった。

「ボールの変化も物理法則だ。各投手の投球フォームから、バッターの手もとでボールがどのように変化するか予測できないか」と佐々木は考えた。

膨大な数の投手の投球フォームの画像データと、実際のボールの変化の画像をデータベース化した。気温、湿度、風速などもデータに取り込んだ。自動運転とは異なり、投球の場合はすべて、マウンドとホームベースの18.44mの間で起こる。データを一貫したフォーマットに変換するデータ正規化も比較的簡単だった。このモデルによって、各選手が投げ方を変えることで、ボールがどのように変化するかをシミュレーションできるようになった。

「肘を１cm高くすれば、打者の手もとでボールは大きくて2cm変化する」「手首の動きを0.1秒速くすれば、腕がしなって球速は３km/h速くなる」、シミュレーション画像とともに伝えることで選手の理解は深まった。数値と画像を組み合わせたマルチモーダルでのコミュニケーションだ。

左腕やアンダースローなどデータの少ない投手の場合は、少ない画像データから効率的に学習できるフューショットラーニングの考え方を使ってモデルに取り込んだ。

「あの時将来のエース候補だった選手が、ここまで伸びるとはな」

「佐々木コーチのAIを使った指導のおかげです」

と言うと投手は日本一がかかる試合で先発マウンドに登っていった。

Column

6

「AIは我々の友人になれる」
（ビル・ゲイツ）

米Microsoft（マイクロソフト）の創業者であるビル・ゲイツ氏の言葉です。

ゲイツ氏は「AIによって多くの仕事がなくなる可能性があるものの新たな仕事も生まれるだろう」と予測しています。AIの発展はマイナス面もあればプラスの面もあると考えています。またAIの進化は、人間よりも高い知能を持つようになることを認めており、非常に高いリスクがあることも懸念しています。

「友人になれる」という発言は、人間がAIの開発を慎重に行えば、AIは安全に人類のために役立つということを示唆しています。AIは単なる技術ではなく、課題解決や生活向上のための協力者として期待しているともいえるでしょう。また「友人」という関係を築くことの重要性もこのメッセージには含まれていると考えられます。

第 7 章

AIのもたらす未来

93

AIと生活者

> AIは今でも生活者に影響を与え、その割合は今後も高まりそうです。日本の生活者にとって、AIはまだ他人事ですが、これから意識を変えることが必要になります。

　AI（人工知能）は生活の中のさまざまな場面で活用されています。エアコン、冷蔵庫、スマートスピーカーなどの家電製品に当たり前のようにAIは導入されています。翻訳、ゲームなどのスマホアプリ、転職や恋愛などのマッチングサービスにも使われています。介護・医療などをはじめとするロボットでも活用されており、我々生活者は、すでにAIのメリットを享受しています。

　今後、この傾向はさらに加速するでしょう。生活者が望む、望まないにかかわらず、AIは生活に影響を与え続け、その割合はより高まります。

　AIに対するイメージを国際比較した結果をみると、日本では具体的なイメージを持っている人の割合は低くなっています。これだけ生活にAIが導入されていても、「暮らしを豊かにする」というポジティブなイメージも、「不安である」というネガティブなイメージも他国と比べて低い水準です。生成AIを実際の業務に導入している日本人の割合も海外と比べても低く、日本人にとって、AIはまだ他人事なのです。

　生成AIの開発競争において日本企業は大きく後れをとり、日本政府の対応も遅くデジタル赤字は拡大しています。日本の"生活者"だけではなく"社会全体"で後れをとっているのです。まずは生活者の意識だけでも海外に追い付くことが求められます。

208　第7章　AIのもたらす未来

生活に浸透するAI

家電　翻訳　ロボット　マッチングサービス

AIに対するイメージ（国際比較）

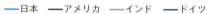

日本は具体的なイメージが少ない

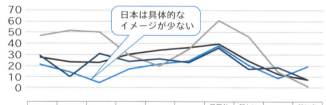

	暮らしを豊かにする	よりよい社会をつくる	親しみが持てる	不安である	なんとなく怖い	人間の仕事を奪う	業務効率・生産性を高める	新しい仕事が創出される	自分には関係がない	特にあてはまるものはない
日本	21.0	14.2	4.6	17.2	21.4	24.5	37.9	20.7	8.5	19.3
アメリカ	27.5	23.4	23.2	30.5	34.1	36.2	39.6	24.5	12.5	7.5
インド	47.1	51.6	50.3	29.4	20.0	34.9	61.0	46.0	14.2	1.2
ドイツ	29.1	9.9	31.0	24.1	26.4	23.2	36.1	17.0	18.4	7.4

出所）データサイエンティスト協会「一般ビジネスパーソン調査の国際比較」、2024年を基に作成。対象は20～69歳、日本は2,000サンプル、米国・インド・ドイツは1,000サンプルが対象

94

AIと就労者

> 「AIに仕事を奪われる」という問題は以前から議論されているものの日本ではまだ表面化していません。今後、大きな課題となりそうです。

生成AIが一般の人に及ぼす影響が大きなものとして「仕事」との関係が挙げられます。「AIに仕事を奪われる」という問題です。定型的な仕事は、データさえあればAIで置き換えることが可能と考えられています。仕事がなくならないまでも、大幅に簡略化、効率化することで、その職種に必要な人の数は減少すると考えられます。

野村総合研究所では、日本の労働人口の49％がAIやロボットで代替可能と試算しています。日米英の3カ国で比較をしており、特に日本では、AIで代替できる仕事についている人の割合が多いという試算です。

専門的な知識を要する仕事でもAIにより、仕事のやり方が大きく変わるといわれています。例えば弁護士の仕事をサポートする生成AIも登場しています。過去の判例に基づいて訴訟の内容を考えるような業務についても、AIの助けを借りて相当な効率化が考えられます。弁護士という専門職でも業務内容が大きく削減、変化していくでしょう。

米国では「人間の仕事を奪う」などの具体的な不安を感じている人が多くなっています。実際に、俳優がAIに仕事を奪われたとしてストライキが起こっています。自分の就労環境がAIによって実際に脅かされるようになったときに、日本人もAIの怖さを実感するようになるでしょう。

人工知能やロボットによる代替可能性が高い労働人口の割合

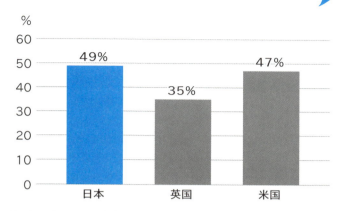

注）米国データはオズボーン准教授とフレイ博士の共著 "The Future of Employment"（2013）から、また英国データはオズボーン准教授、フレイ博士、およびデロイトトーマツコンサルティング社による報告結果（2014）から採っている。
出所）野村総合研究所（2015年12月2日ニュースリリース）

米俳優組合（SAG-AFTRA）によるAIの使用に対するストライキの概要

- ✓ 2023年7月から、AI利用規制や報酬アップを求め、118日間のストライキ、16万人の俳優が所属
- ✓ 主な争点に「生成AI使用の規制」や「AIの使用に対する俳優の肖像権の保護」などが含まれる
- ✓ 俳優のデジタルコピー（肖像をAIでデジタル生成して使用）には、本人同意や報酬の支払いなどで合意
- ✓ 映画業界におけるAI利用について一石を投じる

95 AIと社会

> AIの開発は人々の基本的人権などにも損害を及ぼす可能性があり、規制する必要があります。ルールがある中でAIを開発するという社会的な合意が必要になるでしょう。

特定の分野において、すでにAIはヒトを超えています。囲碁のAIプログラム「AlphaGo（アルファ碁）」がプロ棋士を破ったのは2016年のことです。その後、将棋やチェスのAIプログラムもヒトの実力を超えるようになりました。ルールがあるゲームの世界では、すでにAIはヒトを超えているのです。

映画『マトリックス』の世界では機械（プログラム）がヒトよりも賢くなり、機械とヒトの間で戦争が起こり、ヒトは地下深くに逃げて抵抗を続けているシーンがあります。背景としてAIプログラムが進化したことでヒトを支配するようになった様子が描かれています。AIを無制限で開発してしまうとヒトを超えてしまう可能性があるのです。

米国の実業家であるイーロン・マスク氏は「AIが一般大衆に危険を及ぼすことがないよう、AIを監督する規制機関を設けるべき」と主張しており、AI規制に対して積極的です。AIがどこまで進化するのか分からない以上、社会として何からの規制を設けることが必要となります。

海外と比べて遅れている日本のAI規制ですが、AIのリスクに直面することで整備が進んでいくでしょう。今後はAIの開発に対して、規制を設けるなどのルールを設定するだけではなく、ルールがある中でAIの開発を続けるということに社会的に合意することが必要です。誰かがルールを守らなくなるとAIの暴走が起こる可能性があるのです。

AI開発に対する考え方

AIのリスクを考慮しながら
「責任あるAI」の開発が求められる

AI開発は、社会問題の解決、経済成長、技術革新などに寄与するため、創造的な解決策を見いだす自由を守るべき

AI開発は、社会に重大な影響を及ぼし、倫理的な境界を超える可能性があるため、規制をして慎重に行うべき

96 AIと未来

> **AIの時代は必ずやってきます。AIを使うのか、AIに使われるのかは、人々の「ワクワク感」と「覚悟」が必要になります。**

　現在はIT・通信業界など限られた業界で導入が進んでいる生成AIの活用も、今後はさまざまな業種に広がっていくでしょう。就労者の多くは、仕事をする局面において生成AIを使うことは避けられません。またAIの導入が進むことで、既存の生活がより便利で効率的になるだけではなく、より高度になるといえます。仕事をするという局面だけではなく、通常の生活を送るという局面でも、AIと接することになります。

　これからの人類が、AIの使用を避けるというのは非現実的です。AIの活用は重大な責務であり、この技術に向き合う必要があるのです。AIと友人のように付き合っていくのか、部下のように使いこなすか、AIに使われるか、大きな分岐点にきているといえます。

　日本人の生成AIに対する期待と不安の割合をみると、期待派（41.8％）が不安派（22.8％）を大きく上回っています。まだ自分ごとではない日本人も多く「どちらともいえない」と回答した割合が最も多いですが、総じて、AIに対して期待をしている人が多いのが現状です。

　AIの時代は必ずやってきます。AIに期待するだけではなく、不安や課題を認識することが必要です。大きな歴史の転換点にいることに「ワクワク感」を覚えることもできますが、その分だけ「覚悟」も求められるのです。「ワクワク感」と「覚悟」があれば、AIと共存できる未来が訪れるはずです。

生成AIに対する期待（日本人）

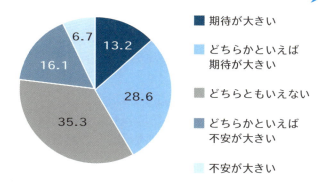

- 期待が大きい
- どちらかといえば期待が大きい
- どちらともいえない
- どちらかといえば不安が大きい
- 不安が大きい

N=1,409（生成AIを知っている人に限定して調査）

出所）野村総合研究所「生成AI利用に関する就労者調査」、2023年10月

「ワクワク感」と「覚悟」が必要

215

あ と が き

　本書では、ビジネスにおいてAIを活用できる人材になるための基礎知識・基本スキルを整理しました。最後までお読みいただいて、AIの活用方法について、具体的なイメージを持った方が多いのではないでしょうか。

　AIと聞くと高度な専門知識を持たないとビジネスに活用できないと考えられがちですが、最近は便利なツールも増えて、気軽に活用できるようになりました。一方で、AIの暴走やハルシネーションなどの課題も多く、基本的な知識を持っていないと誤った使い方をしてしまう可能性もあります。

　社内でAIの導入を検討する際には、第1章の「急速に浸透するAI」や、第7章の「AIのもたらす未来」を参照に、どのような目的で導入するのかを検討してください。導入に際しての課題も整理できるでしょう。AIを具体的に導入する際には、第3章の「AIを活用した代表的なツール」や第5章の「AIのビジネス利用の実態」が参考になるでしょう。自社における具体的な活用方法がイメージできるはずです。第6章の「AIによる未来のビジネス」は、将来的な活用方法を検討する際の参考になるでしょう。

　第2章の「知っておきたいAIの基礎知識」では、AIに関連する用語を網羅的に整理しているため、まずは基礎知識として一通り目を通してください。必要最低限の知識を習得できます。またAIの導入などを進める上で、分からない言葉が出てきたときには、辞書としても活用いただけます。ビジュアルも活用して平易に解説しているため、用語の意味をクイックに思い出す手助けになるはずです。

　各章末のコラムでは、著名人のAIに関する名言を整理しま

した。AIについて、明るい未来を期待している言葉もあれば、注意を喚起している言葉もあります。ビジネスにおけるAIの導入は、必ずしも手放しで喜べるものではないことが示唆されています。AIを導入する際の教訓として参考にしてください。

　生成AIの登場により、AIのビジネスへの活用は一挙に現実的なものとなりました。まさに革命が起きたともいえます。しかし、このAI革命は始まったばかりです。革命に乗り遅れている人は遅れを取り戻すために、すでに革命の波に乗っている人はさらに先に進むために、本書を活用いただければと思います。

　本書を通じて、一人でも多くの方が、ビジネスにAIを導入することの重要性を理解し、AIを積極的に導入するようになり、ビジネスに変革を起こすことを期待します。

ブックガイド

カイフー・リー（著）、チェン・チウファン（著）、中原 尚哉（訳）
『AI2041 人工知能が変える20年後の未来』（文藝春秋、2022年）

安宅 和人（著）
『シン・ニホン AI×データ時代における日本の再生と人材育成』（NewsPicksパブリッシング、2020年）

日立製作所 Generative AIセンター（監）
『実践 生成AIの教科書 ── 実績豊富な活用事例とノウハウで学ぶ』（リックテレコム 、2024年）

野村総合研究所（著）、NRIデジタル（著）
『AIナビゲーター2024年版：生成AIの進化がもたらす次世代ビジネス』（東洋経済新報社、2024年）

野村総合研究所（編）
『まるわかりChatGPT＆生成AI』（日経BP 日本経済新聞出版、2023年）

カレーちゃん（著）、からあげ（著）
『面倒なことはChatGPTにやらせよう』（講談社、2024年）

野村総合研究所 データサイエンスラボ（編）
『ビジュアル データサイエンティスト 基本スキル84』（日経BP 日本経済新聞出版、2022年）

野村総合研究所 データサイエンスラボ（編）
『データサイエンティスト入門』（日本経済新聞出版、2021年）

索引

数字
1ビットLLM 52
2026年問題 24

英字
AGI（汎用人工知能） 28, 86, 120
AIアシスタント 92, 94, 132, 192, 193
AIエージェント 92, 198, 199
AIガイドライン 110
AIに仕事を奪われる 210
AIの解釈性 102
AIの市場規模 14
AIの暴走 26, 212
AIペルソナ 96, 192
AI革命 18
AI規制 110, 212
AI事業者ガイドライン 110
AI実装検定 154
AlphaGo（アルファ碁） 16, 212
Amazon Web Services（AWS）
.... 158, 160
Apple Intelligence 128
ASI 122
ASIC 82
AWS認定AIプラクティショナー
.... 158
AWS認定マシンラーニングエンジ
ニアアソシエイト 160
BERT 46, 48, 76
BigQuery 162
BitNet 52

ChatGPT 10, 12, 20, 48, 54, 56, 78, 86, 128, 130, 132, 136, 138, 170
Claude 128
Copilot 94, 132
Cortana 132
CUDA 82, 84
cuDF 84
cuDNN 84
DALL-E 20, 86, 138, 140, 142
Dataflow 162
DevOps 100
Discord 142
DX 126
ELIZA 88
E資格（エンジニア資格）
.... 150, 152, 154
FPGA 82
Gemini 128, 134, 136
Gen-1 144
Gen-2 144
Gen-3 144
GENIAC（Generative AI
Accelerator Challenge） 20
GitHub Copilot 186
Google 46, 48, 52, 62, 76, 112, 134, 144, 160, 162, 180
Google認定データエンジニア
.... 162
GPGPU 82
GPT 46, 56, 86, 128
GPT-2 56
GPT-3 56

219

GPT-3.5 ······ 56
GPT-4 ······ 132
GPU（画像処理半導体）······ 20, 50, 52, 62, 82, 84, 118, 140
Granite ······ 126
Grok ······ 128
G検定（ジェネラリスト検定）
······ 150, 152, 154
HuggingChat ······ 130
Hugging Face ······ 130
IBM ······ 126
Imagen ······ 144
Japanese Stable Diffusion XL
······ 140
LIME ······ 102
Llama ······ 58, 126, 128, 130, 136
LoRA ······ 62, 64
Matplotlib ······ 156
Meta ······ 58, 136
Microsoft認定Azure AIエンジニア
······ 164
Midjourney ······ 140, 142
Mistral ······ 126, 130
MLOps ······ 100
NumPy ······ 156
NVIDIA ······ 82, 84
OpenAI ······ 10, 20, 48, 54, 56, 86, 128, 138, 144, 146, 164, 180
pandas ······ 156
Performance Max（P-MAX）
······ 180
Python ······ 156, 162
Python3エンジニア認定データ
分析試験 ······ 156
PyTorch ······ 152

RAG（検索拡張生成）······ 80, 176
Runway ······ 144
SageMaker ······ 160
SHAP ······ 102
Sora ······ 86, 144, 146, 180
Spaces ······ 130
SPECKTLAM ······ 184
Stability AI ······ 140
Stable Diffusion ······ 140, 142
Swallow ······ 58
SynthID ······ 112
TensorFlow ······ 152
TPU（Tensor Processing Unit）
······ 62, 118
Transformer ······ 46, 52, 56, 76
Vision Transformer ······ 76
watson ······ 126
Windows 11 ······ 132

あ

アテンション機構（注意機構）······ 76
アノテーション ······ 62, 66, 202
アライメント ······ 72, 203
イーロン・マスク氏 ······ 212
エキスパートシステム
······ 16, 90, 194
エッジAI ······ 98
オープンソース ······ 126, 130, 136, 140

か

回帰分析 ······ 40
ガイドブック ······ 110
学習（用）データ ······ 24, 58, 66, 80, 108, 114, 182, 195

学習済みのAIモデル ……… 58, 116
画像処理 ………………… 82, 154
画像生成 ……… 64, 138, 140, 142
画像認識 ……… 44, 70, 76, 120
機械学習（マシンラーニング）…… 38,
　40, 46, 74, 82, 88, 100, 116, 126,
　150, 152, 158, 160, 162, 176,
　182, 184, 202
基盤モデル ……… 14, 20, 24
強化学習 …………………… 40
教師あり学習 …… 40, 62, 66
教師なし（教師なし学習）
　……………… 40, 56, 60
近似 ………………… 52, 64
クラウドAI ………………… 98
継続事前学習 …… 58, 60
構造化データ …………… 182
高度IT人材 ………………… 166
コード生成 …… 128, 186
コンテキスト内学習 …………… 70
コンピュータ支援設計（CAE）…… 194

さ
再学習 …… 70, 100, 116
サム・アルトマン氏 ……… 86
自然言語処理（NLP）…… 44, 46, 56,
　58, 76, 88, 96, 126, 136, 138, 154
事前学習 …… 56, 58, 176
自律型AIエージェント …………… 92
従来のAI …………………… 34
小規模言語モデル（SLM）………… 50
省エネ ……………………… 118
蒸留 …………………… 50, 62
ジョセフ・ワイゼンバウム氏 ……… 88

シンギュラリティ（技術的特異点）
　………………… 28, 36
進化的なアルゴリズム …………… 174
人工超知能（ASI）…………… 122
推論 …… 16, 42, 52, 90, 114, 120, 122
数理モデル …………………… 42
スケーリング理論 …… 48, 50, 54
スタイルリファレンス …………… 142
生成AI（Generative AI）……… 10, 12,
　14, 16, 20, 28, 34, 36, 38, 44, 56,
　66, 70, 78, 80, 92, 94, 102, 104,
　106, 108, 112, 118, 128, 158,
　170, 172, 174, 176, 178, 180,
　186, 203, 208, 210, 214
世界モデル …………………… 204

た
大規模言語モデル（LLM）
　…… 48, 50, 52, 70, 80, 88, 94, 102,
　112, 114, 116, 118, 120, 126,
　128, 130, 132, 136, 176, 178,
　184, 196, 202
第1次AIブーム …………… 16, 28
第2次AIブーム …………… 16, 90
第3次AIブーム ………………… 16
第4次AIブーム ………………… 16
多言語対応 …………… 176, 178
多層化 ………………… 38, 44
チャットボット …… 48, 68, 88, 94,
　128, 130, 176, 198
チューニング …… 50, 58, 64, 200
著作権 ……………………… 108
ディープフェイク …… 26, 104, 112

ディープラーニング（深層学習）
…… 16, 38, 44, 46, 48, 50, 52, 56,
84, 88, 150, 152, 154, 184
データエンジニアリング …… 160, 162,
164, 166
データサイエンティスト …… 156, 160,
166, 202
データサイエンティスト検定（リテ
ラシーレベル）…………………… 166
データ正規化 …………………………… 205
データ生成アルゴリズム …………… 74
データセキュリティ ………………… 182
データセット …… 20, 34, 48, 50, 54,
56, 58, 116
データドリフト ……………………… 100
データ分析 …… 38, 42, 126, 132, 156,
160, 162, 164
デジタルウォーターマーク ………… 112
デジタル赤字 ………………… 20, 22, 208
敵対的生成ネットワーク（GAN）… 74
電子透かし ……………………………… 112
動画生成 ………………… 144, 146, 180
導入率 ………………………… 170, 172
洞察 …………………………………… 184
特化型AI ……………………………… 28
ドメイン ……………………………… 58, 60

な
日米格差 ……………………………… 170
ニューラルネットワーク …… 16, 38,
42, 44, 46, 74

は
パラメータ …… 48, 50, 54, 56, 62, 64,
70, 102, 114, 136, 203

ハルシネーション ……………… 26, 106
非構造化データ ……………………… 182
ビッグデータ ………………………… 16
ファインチューニング …… 56, 58, 60,
62, 64, 66, 70, 203
ファウンデーションモデル …… 58, 60
フィンテック ………………………… 172
浮動小数点型LLM …………………… 52
フューショットラーニング … 70, 205
プライバシー保護 …… 110, 116, 182
ブラックボックス …… 102, 182, 203
プロンプト …… 68, 78, 138, 142, 146
ベクトルデータベース ……………… 80
報酬システム ………………………… 72

ま
マイクロソフト（Microsoft）……… 86,
132, 164
マシン・アンラーニング …… 116, 201
マルチAIエージェントシステム …… 92
マルチモーダル ……… 16, 44, 68, 134,
144, 205
モデルマージ ………………………… 114

ら
ライブラリ ………… 84, 130, 152, 156
ルールベース ………………… 46, 176

〈執筆者紹介〉

鷺森 崇 （さぎもり・たかし）

野村総合研究所 DX 基盤事業本部 IT 基盤技術戦略室 エキスパートリサーチャー。2001 年上智大学大学院理工学研究科修士課程修了、野村総合研究所入社。産業・流通分野における先進的な IT 技術の調査、コンサルティング、DX 推進活動に従事。専門はデータサイエンス、機械学習・生成 AI プラットフォーム、意思決定テクノロジーなど。

塩崎 潤一 （しおざき・じゅんいち）

野村総合研究所未来創発センター、（一社）データサイエンティスト協会理事。1990 年筑波大学第三学群社会工学類卒業、野村総合研究所入社。データサイエンス、マーケティング戦略、日本人の価値観、数理モデル構築などが専門。マーケティング・サイエンスコンサルティング部長などを経て現職。

田村 光太郎 （たむら・こうたろう）

野村総合研究所未来創発センター雇用・生活研究室データサイエンティスト（執筆時）。東京工業大学大学院総合理工学研究科博士課程修了。博士（理学）。データによる社会の可視化やモデリングが専門。

田村 初 （たむら・はじめ）

NRI リテールネクスト店舗ソリューションビジネス部チーフデータサイエンティスト、（一社）データサイエンティスト協会調査・研究委員。2003 年一橋大学商学部卒業、野村総合研究所入社。小売・流通・消費財業界のマーケティング戦略、データサイエンス技術を用いたプロダクト開発などが専門。Kaggle Competitions Master。

広瀬 安彦 （ひろせ・やすひこ）

野村総合研究所未来創発センター雇用・生活研究室エキスパート研究員、（一社）データサイエンティスト協会コミュニティ・ハブ委員。慶應義塾大学文学部、青山学院大学社会情報学研究科博士前期課程、北海道大学大学院国際広報メディア・観光学院博士後期課程修了。博士（国際広報メディア）。データサイエンティスト育成、WEB 広報戦略などが専門。

野村総合研究所

1965年に日本初の民間シンクタンクとして誕生して以来、企業戦略の提案や政策提言、システム開発・運用を行ってきた。
「Dream up the future. 未来創発」を企業理念として掲げ、課題設定から解決までのトータルソリューションを提供している。

日経文庫
ビジュアル
AI活用基本スキル96

2025年3月14日　　1版1刷
2025年5月 7 日　　1版2刷

編　者	野村総合研究所
発行者	中川 ヒロミ
発　行	株式会社日経BP 日本経済新聞出版
発　売	株式会社日経BPマーケティング 〒105-8308　東京都港区虎ノ門4-3-12
装丁・本文デザイン	尾形 忍(Sparrow Design)
イラスト	加納徳博
DTP	朝日メディアインターナショナル
印刷・製本	三松堂

ISBN 978-4-296-20741-1
© Nomura Research Institute, Ltd., 2025

本書の無断複写・複製(コピー等)は著作権法上の例外を除き、禁じられています。購入者以外の第三者による電子データ化および電子書籍化は、私的使用を含め一切認められておりません。本書籍に関するお問い合わせ、ご連絡は下記にて承ります。
https://nkbp.jp/booksQA

Printed in Japan